3・11 複合被災

外岡秀俊
Hidetoshi Sotooka

岩波新書
1355

はじめに

「3・11」後のあなたへ

どれほど大きな戦争や災害でも、時がたつにつれ、当事者以外の記憶はおぼろになり、薄れていきます。かけがえのない家族や友人を失って、いつも、いつまでも記憶を刻みつけている人々と、直接体験しなかった人の記憶には、しだいにギャップがうまれ、被災した人々は孤立感を深めていきます。

二〇一一年三月一一日に起きた東日本大震災は、ある意味で、この国に住むすべての人が同時に体験した災害でした。しかし、そんな大災害であっても、「今」を生きることに懸命な日々がかさなると、つい意識から遠ざかり、「なかったこと」にしてしまうようになりがちです。失われた命、失われた故郷を思う人々と共に生きるには、忘れないこと、いつまでも記憶し続けることが何よりも大切だと思うのです。

そしてそのことが、次の大災害で、あなたや身近にいる人の命を、ひとりでも多く、救うことにもつながるのだと思います。

この本は、東日本大震災について、何が起きたのかを、できるだけわかりやすく、コンパクトに伝えることを目的に書かれています。

たとえば震災から一〇年後の二〇二一年に中学・高校生になるあなたが、「さて、3・11とは何だったのか」と振り返り、事実を調べようとするときに、まず手にとっていただく本のひとつとすること。それが目標です。

3・11——特別の日付

この国の近現代史には、その単独の日付がとりわけ大きな意味をもち、後世にまで語り継がれた例があります。

たとえば、一九三二年の五・一五。海軍青年将校が、犬養毅首相を暗殺した日です。四年後、陸軍の青年将校らがクーデタを起こそうとした二・二六も、軍部の独走をしるす日として、日本に住む人々の心に刻まれました。その後、日本は一九四一年の一二・八に真珠湾などを攻撃し、太平洋戦争に突入します。その結末が、一九四五年に広島へ原爆が落とされた八・六、長崎原爆の八・九、そして敗戦の日の八・一五でした。

これらの日々は、長い歳月と世代をこえて受け継がれ、「あの日」を口にしただけで、だれもが固有の事件を思い浮かべる指標になりました。その日起きたことの衝撃があまりに大きく、日常の連なりである日めくりに、特別の意味をあたえたのです。

戦後は長く、こうした特別の日付がありませんでした。一九九五年に死者六四〇〇人以上の犠牲者をだした阪神・淡路大震災(以下、阪神大震災といいます)の一・一七が、その数少ない例外といえるでしょう。しかし、二〇一一年に東日本大震災が起きた3・11は、それ以上に、その前と後を大きく切り離す特別の日になりました。

二〇一一年の九月一一日、米紙ニューヨーク・タイムズは、「ザ・デイ・ザット・スタンズ・アローン」という大見出しを掲げました。それは二〇〇一年九月一一日に起きた米同時多発テロから一〇周年にあたる日でした。「その日だけ孤立している日」とでも訳せるでしょうか。「九・一一」と口にしただけで、アメリカ人ならだれしも、ワールド・トレード・センターに旅客機が衝突し、超高層ビルが崩れ落ちる情景を、ありありと思い浮かべることでしょう。それほどに、九・一一の衝撃波はすさまじく、米国はその日を境として、アフガニスタンへの空爆、イラク戦争へと突き進み、国のかたちが大きく変わったのでした。

複合災害

しかし、ちょうどこの日に半年の節目をむかえた「3・11」も、同じように、この国のかたちを変えるに違いありません。それは東日本大震災が約五〇〇〇キロにわたって震災と大津波を引き起こし、二万人に近い死者・行方不明者をだすという、途方もない被害を与えたという理由だけではありません。

「3・11」は、人類の歴史に類をみない「複合災害」でした。広範囲にわたる大規模な震災と火災。その後の大津波。さらに、福島第一原発の全電源が失われ、チェルノブイリ事故と同じレベルの最悪の被害をもたらした原発事故。ふつう、大災害は、起きたときを最大のピークとして、なだらかな下降曲線を描き、被害はおさまり、やがて復旧や復興が始まります。しかし原発事故は、それとはまったく違うカーブを描きます。

原発の近くに暮らしていた人々は避難を命じられ、福島県内だけでなく、全国に散らばり、その数は一五万人に達しました。放射性物質は沿岸部だけでなく、遠く内陸部にまで降り注ぎ、多くの人々が自主的に避難をしました。原発の事故収束には数十年かかるとみられますが、その間、住民は故郷に帰れるのでしょうか。放射性物質を取り除く「除染」の結果、たまりにたまっていく放射性物質を含んだ土や灰は、どこに保管すればよいのでしょうか。すべては未解決のまま、時間だけがすぎていきます。大災害後にも、「被害」が衰えず、むしろ問題が拡散していく。そこに、原発事故の大きな特徴があるのです。

「地震予知」と「安全神話」

今回の「複合災害」で、崩れたものが二つあります。ひとつは、この国が一大プロジェクトとして進めてきた「地震予知」の態勢が崩れたことです。さまざまな兆候から地震を事前に予知できるという考えは、大地震が多発する日本にとっては、見果てぬ夢でした。

もちろん、過去の地震の履歴から、大地震が起きる可能性を割り出し、今後に備える研究は必要ですし、大きな意味があるでしょう。しかし、「いつ、どこで」と特定するかたちで地震を予知することは、不可能ではないにしても、限りなく困難な作業といっていいのではないでしょうか。阪神大震災に続く「地震予知」の失敗が、そう告げています。

一九二三年の関東大震災以来、この国の防災態勢は、「直近最大級」の震災を前提に組み立てられてきました。阪神大震災までは、「関東大震災級の震災に耐えられる」が、土木・建築の合言葉でした。阪神以後は、「阪神大震災級の震災にも耐えられる」が新たな基準となりました。では、その規模を超える震災が起きたら、どうなるのでしょう。「想定外」を超える震災への不安をやわらげてきたのが、「地震予知」の可能性でした。建物や構造物は、直近の最大地震の規模にも耐えられるし、それ以上の大地震でも、事前に予知できるから大丈夫、という「安全神話」が独り歩きするようになったのです。

しかし、大災害は起きる場所、時間、人々の暮らしぶりによって大きく異なり、ひとつとして同じ態様のものはありません。阪神大震災は連休明けの午前五時四六分という未明に起き、まだ眠りに就いていた人々の多くが、倒れた木造家屋の下敷きになって亡くなりました。しかし、もしそれが昼下りに起きていれば、人々は仕事や授業に出かけ、倒れた高速道路や橋げたのはずれた新幹線、崩れたデパートなどでもっと違う被害が起きたでしょう。東日本大震災でも、もし大津波が深夜に襲っていたら、多くの人々は、高台に逃げるいとまもなかったのではないでしょうか。

実際に起きた災害から、「震災に弱い木造家屋を補強しよう」とか、「津波浸水想定地域には、避難用の高い建物をたくさんつくろう」という教訓を引き出すだけでは、必要ではあっても、十分とはいえないのです。

私たちが、少しでも被害を少なくするには、起きた被害をひとつひとつ調べて対策をたてるだけでなく、過去の災害には見られなかった被害にまで想像力をはたらかせ、できる限りの備えをしておき、実際に起きてしまったら、どう柔軟に対応するか、たえず感性をみがいておくことが必要だと思うのです。

もうひとつ、今度の震災でもっとも注目されたことが、原発をめぐる「安全神話」の崩壊でした。それまで、原発について政府や電力会社は、事故を起こさないため何重もの防護装置を施してあるので、絶対に安全だといってきました。事故が起きて重点的に避難する地域も、原発から一〇キロ圏内にとどめ、事故が起きた場合に司令塔となる防災施設も、原発のすぐ近くに置いていました。そのため、実際に「想定外」の事故が起きたときに、政府の対応は遅れ、被害は拡大してしまいました。どんな場合でも、「絶対に安全」ということはできません。それをなぜ、どのように「神話」にしてしまったのか。「3・11後」を生きるあなたに、考えていってほしいと思うのです。

前置きが長くなってしまいました。この本は、各章の1では私が見聞きしたルポを置き、それに続いて2以降で、全体の輪郭や、さらにそこから何を教訓として引き出し、何が課題として残っているのかをまとめました。なお、文中に出てくる肩書きや年齢は、すべて取材当時のものです。では、ご一緒に、「あの日」に帰るところから、はじめましょう。

目次——3・11複合被災

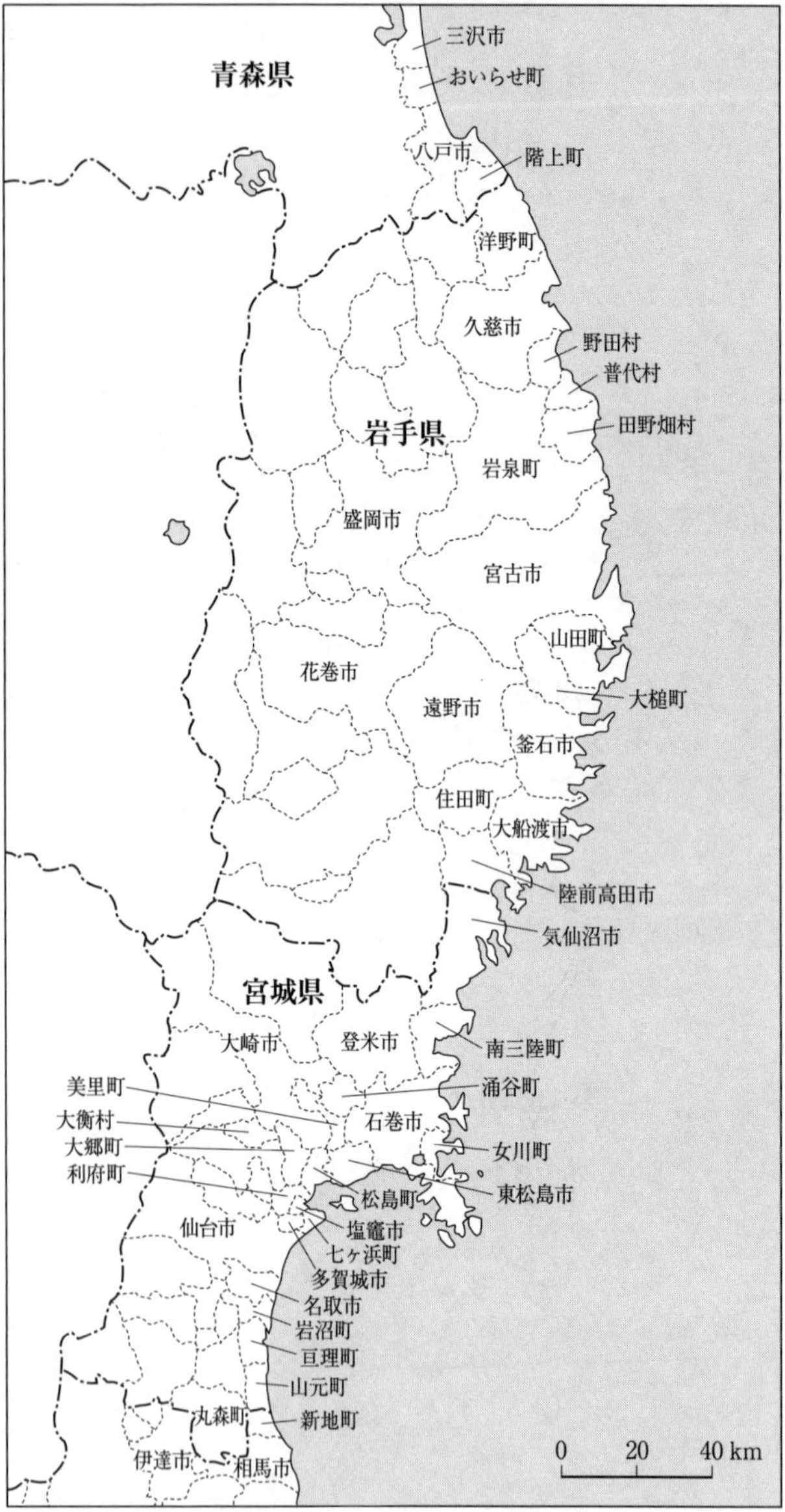
青森県
三沢市
おいらせ町
八戸市
階上町
洋野町
久慈市
野田村
普代村
田野畑村
岩手県
岩泉町
盛岡市
宮古市
山田町
花巻市
遠野市
大槌町
釜石市
住田町
大船渡市
陸前高田市
気仙沼市
宮城県
大崎市
登米市
南三陸町
美里町
涌谷町
大衡村
石巻市
大郷町
女川町
利府町
松島町
東松島市
仙台市
塩竈市
七ヶ浜町
多賀城市
名取市
岩沼町
亘理町
山元町
丸森町
新地町
伊達市
相馬市
0
20
40 km

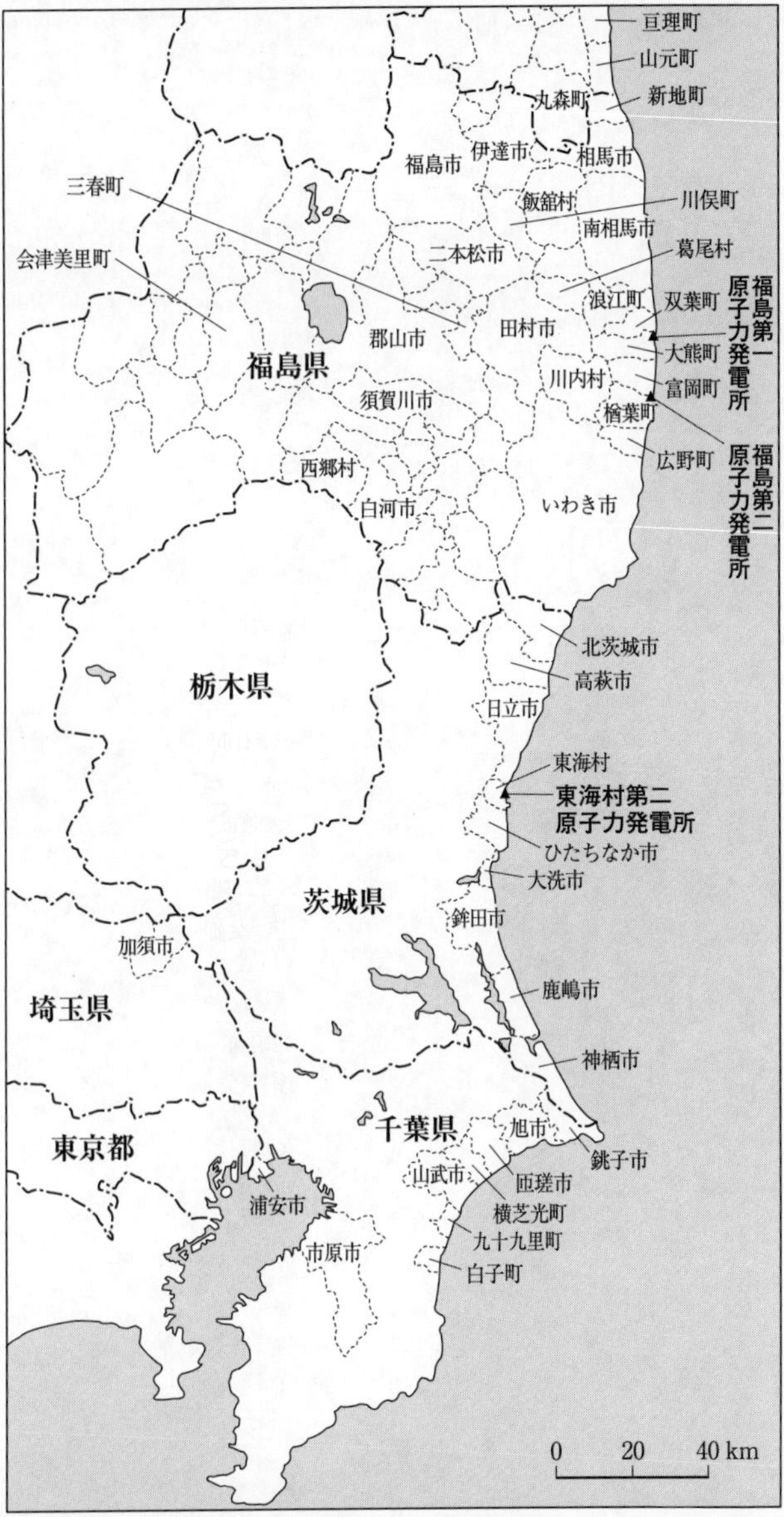
亘理町
山元町
新地町
丸森町
伊達市
相馬市
福島市
三春町
川俣町
飯舘村
南相馬市
会津美里町
二本松市
葛尾村
福島第一原子力発電所
浪江町
双葉町
田村市
郡山市
大熊町
福島県
川内村
富岡町
須賀川市
楢葉町
福島第二原子力発電所
広野町
西郷村
白河市
いわき市
北茨城市
栃木県
高萩市
日立市
東海村
東海村第二原子力発電所
ひたちなか市
大洗市
茨城県
鉾田市
加須市
鹿嶋市
埼玉県
神栖市
千葉県
旭市
東京都
銚子市
山武市
匝瑳市
浦安市
横芝光町
九十九里町
市原市
白子町
0
20
40 km

I　地震と大津波

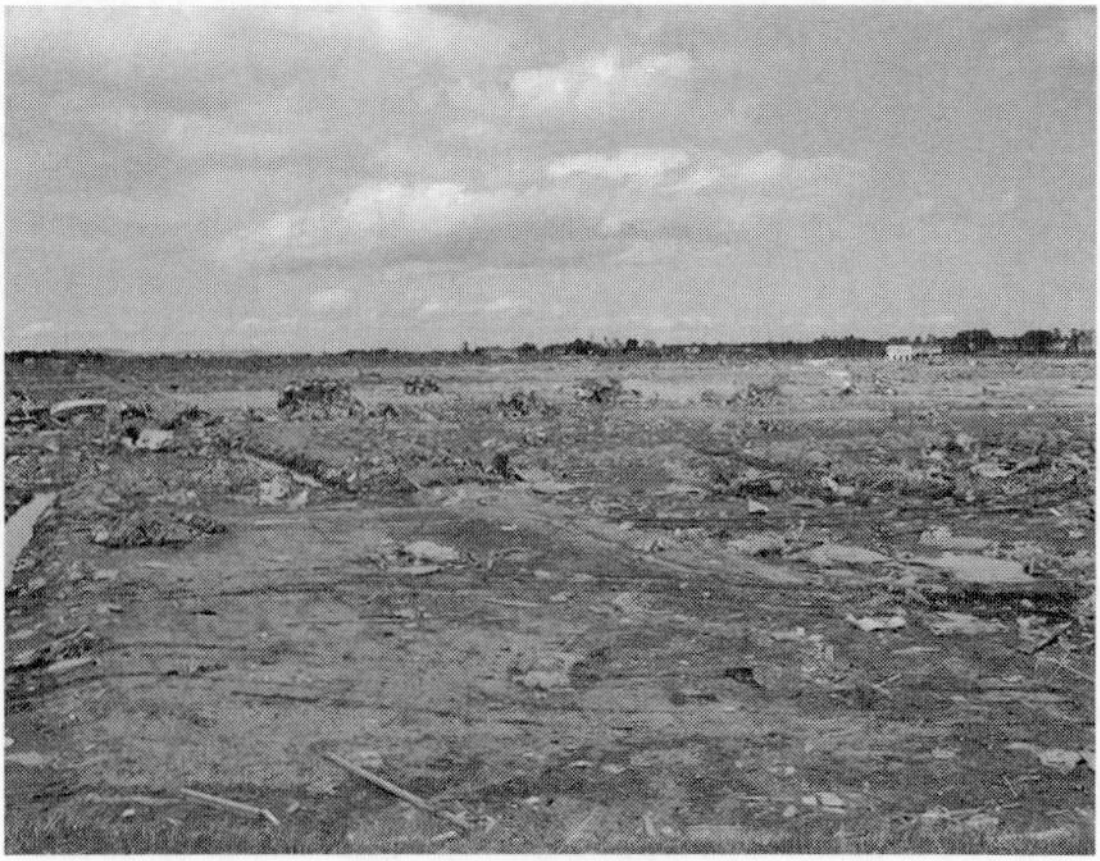

すべてを押し流された仙台市荒浜地区(2011 年 5 月)

「地獄に行ったことないけど、地獄よりひどい」

（梶原寿子さん、七七歳）

第1章　無明の大地

1　被災地へ

上空から見た爪あと

東日本大震災から一週間後の二〇一一年三月一八日、小型ジェット機で上空から被災地を見た。その翌日から一週間、陸路で被災地を回った。東京からの全走行距離約二三〇〇キロ。途方もない災厄に、戦慄した。

上空から見るのは、鳥の目で俯瞰し、被災の全体像を知るためだった。事故が起きた福島第一原発の西方五〇キロを北上し、仙台へ。浸水した仙台空港では格納庫から流れた飛行機やコンテナが散乱し、いたるところに車が転がっている。平野が陥没したため、水が引かず、海と陸の区別がつかない。多賀城市、東松山市、石巻市。どこでも大きな船が陸地奥にまで乗り上げ、白い横腹を見せている。橋は流され、橋脚しかない。流れた家屋が凄まじい水圧で押し上げられ、幾重にも積み上げられ、ひしゃげている。

だが陸前高田市から、景色が一変した。何もない。孤立したコンクリート造りの建物以外、ただ泥土と水。何もない。

血の気がひいた。

北上山地が断崖となって海に落ちる三陸海岸は、津波の常襲地帯だ。すぐ先が深海のため、遠地の地震が津波になって増幅する。ノコギリの歯のように屈曲したリアス式海岸の地形で津波の水位が急に高まり、河川沿いに陸深く押し寄せる。一八九六年の明治三陸大津波では死者・行方不明者約二万二〇〇〇人。一九三三年の昭和三陸津波では死者・行方不明者約三〇〇〇人。かつて被害が大きかったのも、その特異な地形ゆえだ。

だが大船渡や釜石の湾口には堅牢な津波防波堤がある。過去二度の津波で壊滅した宮古の田老地区も、高さ一〇メートル、総延長二・四キロの二重の防潮堤で守られているはずだ。

その願いも裏切られた。防波堤をあっさり越えた津波は、地上の人々と建物をなぎ倒し、引きずり去って、跡形もない。時速三六〇キロの飛行機で一時間二〇分をかけて北上する間、一言も発することができなかった。

一九九五年の阪神大震災でも初日に神戸入りし、翌日にヘリで上空から取材した。その後一年余にわたって現地を取材し、雑誌「アエラ」(朝日新聞)にルポを連載した。

だが今回は、あらゆる面で規模が桁違いだ。阪神では「震災の帯」と呼ばれる長さ約二〇キロ、幅約一キロの都市部の激震地帯に被害が集中した。今回は、長さ五〇〇キロにわたる沿岸に、マグニチュード(M)9・0のエネルギーが放出された。阪神大震災の一四五〇倍である。もともと高齢化が進む過疎地。しかも被災した都市や集落は孤立している。いったい、地上で、何が起きているのか。

気仙沼で

上空を飛んだ日、同僚に頼んでカンパを募り、食糧や水、オムツなど救援物資を買い集めてもらった。被災者へのメッセージも寄せ書きにしてもらった。

現地ではガソリンが不足し、車で移動できない。緊急車両に指定された車なら、給油しながら移動できる。そう聞いて、取材にだけでなく、車を物資や人の搬送に用立てようと思った。東北道はがらがらだった。トラックや乗用車、タンクローリーなど、仙台までに追い抜いた車両は一三六台しかなかった。

まずい、と思った。これでは被災地向け物資やガソリンだけでなく、仙台など支援拠点への物流や車の動きも停まる。

翌二〇日朝、岩手県藤沢町に入った。自治医大同窓生と、日本プライマリ・ケア連合学会の合同プロジェクトが立ち上がり、先遣隊が藤沢町民病院に前線基地を設けたと聞いたからだ。

隠岐諸島診療所の白石吉彦医師と会い、情勢を尋ねた。「情報がない。足がない。それに尽きる」。それが第一声だった。

陸路、緊急車両で現地入りしたが、応援の医師を山形空港に送迎するのに手一杯で、足がないという。地元の車はガソリン切れで、すべて停まった。

地元医師は、携帯電話を水にさらわれるか、持っていたとしても通じない。どこで、誰が活動しているのか、わからない。

白石医師によると、ふつう災害では患者に、救急優先度を四段階の色で示す「トリアージ」判定をおこなう。だが、津波では救急不能の「黒」か、救急不要の軽症を示す「緑」だけ。治療最優先の「赤」や、次に処置が必要な「黄」の被災者がいない。中間の救急医療の必要もないほど、「生と死」の領域がはっきりと切断されている。負傷者が多かった阪神大震災との大きな違いだ。

白石医師らは、電話会社から現地で通じる携帯二〇台を無償で借り、地元医師に配った。さらに、自ら被災しながら、避難所で医療を続け、燃え尽きそうな地元医師を休ませるプロジェクトを始めた。

気仙沼の最大避難所、市総合体育館「ケー・ウエーブ」に、当直に向かう内藤俊夫・順天堂大准教授をお連れした。内藤医師は、昼は安置所で遺体を検視し、夜は当直に入って地元医を休養させている。遺体は警察が泥土を清め、医師が見る。半数ほどはポケットに財布があり、身一つで逃げたと知った。

前夜の災害対策本部では、地元消防団から「遺体収容は、勘弁してほしい」という声があがった。遺体の大半が友人や顔なじみだ。泥にまみれ、砂をのんだ死に顔を見るのはつらい。警察や消防庁が引き受けることになった。灯油や重油がなく、荼毘《だび》に付すことも難しく、土葬が始まったという話も流れた。

三連休明けの午前五時四六分に起きた阪神大震災では、ほとんどの人が自宅で寝ていた。生死にかかわらず、家族の安否はわかった。今回の震災は、午後二時四六分。人が活動し離れ離れになっている時刻に起きた。

「お年寄りや子どもを避難させようと車で家に向かい、渋滞に巻き込まれて押し流された人が多い」と内藤医師はいう。

地震から津波襲来まで約三〇分。それだけの時間があったのに、なぜこれほど多くの人が……。

私も被災地に来るまで、疑問を抱いていた。だが、気仙沼の場合、内湾から深くV字に切れ込む奥の高台まで、大人が全力で走って三〇分。

首都圏で今回の地震を経験した人なら、三度の大揺れで一〇分近く、なすすべもなかったことを思い出してほしい。まして親や子を救おうとすれば、自らを顧みるゆとりはなかった。
避難所の壁に、そうして生き別れた人々が安否を問い、元気を報せるメモがはってある。
――寛子へ　母は助けられ、大沢にいます
――小野寺寛和、真喜代、しづかを探しています
――愛は元気でケー・ウエーブの駐車場にいます
――中華・高橋水産で働いている方、みんな無事ですか？　心配です。いる人は下記へ名前記入して下さい
その伝言板の傍らで、被災後に再会した人々の声が弾む。
「だいじょうぶだったか、おめえ」
「や、あいつもやられたか」
そんな声に混じり、寒い体育館で喉を嗄《か》らし、咆《ほ》えるように泣く女の子の声が響く。髪や頬が、小麦粉をまぶしたように白く、埃だらけの顔で放心している男性。髪がほつれ、虚脱したように毛布にくるまったままの女性。疲労やひもじさより、愛する人々の喪失で、体の芯が抜かれてしまったかのようだ。
丘の上にある避難所から、長い坂を歩いて市街地に出る人が多い。ガソリンがないため、肉親を探して、安置所や他の避難所を訪ね歩くしかないのだ。

この日、私たちと医療救援に入った三阪高春医師は、奥さんが地元に近い出身だった。給油所で働く義理の弟は、やはりガソリンがなく、仕事場までの一七キロを、自転車をこいで通勤しているという。

押し波、引き波

避難所で、気仙沼漁協水揚計算課長の吉田教範《みちのり》さん(五三歳)と会った。地震の時は、内湾に近い漁協ビル二階で仕事をしていた。大津波警報の放送を聞いてすぐに屋上に逃げ、夢中で避難する人々を誘導した。

「私たちは、津波ではまず内湾の水が引き、すっかり底が見えると聞かされていた。実際には、引ききらないうちに押し波が来て、渦になった。遠洋延縄《はえなわ》船や大型の巻網船などが次々に押し寄せ、タンクも流された」

夕方、流れ出た重油に火がついた。津波は一〇〇波以上も寄せては返し、そのつど、燃える船が陸地に火をつけて回った。気仙沼は大火に包まれ、震災、津波に次ぐ追い討ちをかけられた。

吉田さんは自宅、娘夫婦の自宅、父親の実家のすべてを失った。父親は今も行方不明で、毎日安置所を歩いて回る。家族全員、身一つで逃げ、財布以外はすべて失った。全壊しても家財道具を取り出せた阪神大震災とは、そこが違う。被災者は、文字通り無一物なのだ。

二〇一〇年一二月、『津波災害』(岩波新書)を出した河田惠昭・関西大学社会安全学部長によると、津波は陸地にぶつかって複雑に反射し、何度も繰り返す。深さ五〇センチの波打ち際にいて五〇センチの津波が加わると、速さは毎秒二メートル。体に〇・三トンの力が加わり、立っていられない。東北大の調査では、今回の津波の高さは一〇メートル。「水面全体が一〇メートル上がり、堰きとめられると、運動エネルギーが位置エネルギーになって、水が一気に駆け上がる。局所的には高さ五〇メートルに到達してもおかしくない」

気仙沼の港に打ち上げられた漁船と佐藤義勝さん(2011年4月)

その言葉に納得するような光景を見た。気仙沼市唐桑《からくわ》地区。平地から二十数メートル高台の電線や木の梢に、浮きのガラス玉や海草がぶら下がっていた。近くの大型スーパーの屋根には、海の怪物が運んだかのように、黄色い乗用車が載っていた。

近くを、杖をついたお年寄りが通りかかった。梶原寿子さん(七七歳)。「あそこにおったの」

と、数キロ先の高台を指した。

「すぐ近くまで黄色い水が押し寄せてきた。すぐ後ろを青い水が追ってきて、大きな家や施設があったのを、静々と持っていったの。大東亜戦争の時よりひどい。地獄に行ったことないけど、地獄よりひどい」

避難所で

東京から持参した物資はすぐ尽きて、毎朝、後背地で果物や食糧を仕入れ、避難所にお届けするのが日課になった。

八割近い世帯が水没し、震災一週間後には約一〇〇〇人が亡くなり、一三〇〇人が行方不明と伝えられた陸前高田市。一〇〇〇人近くが避難した市立第一中学校は、訪ねたうち、最も組織だった動きをする避難所だった。

被災当日には行政区別の名簿を作り、仮設トイレを建て、ロウソクで通路を照らした。二日目に発電機を回して暖をとり、コンビニから寄付されたお握りを支給。四日目からは炊き出しなどで三食をとれるようになった。市職員OBが代表を務め、地区代表、食事班、物品班、医療班、施設管理・電気設備などの組織を作っている。一日三回、定時に記者会見までして、レンタル店員の山崎亮さん(二六歳)がメディアを取り仕切る。

「地区や町内会単位にしたのがよかった。被災者が炊き出しなどでボランティアをして、よく動いています」

そう語る山崎さん自身、被災者だ。学校裏手の崖下から、父親と二〇メートルを這い上がって助かったが、母安子さん（五八歳）は逃げ遅れた。

道路の両脇に数キロの瓦礫の山が広がる大船渡市。コンクリートの柱がねじ切れ、中の鉄線がむき出しだ。ソファーや布団、濡れた縫いぐるみのクマ。そのすぐ近くまで、コンテナが迫る。ここではオランダチームが犬を連れて救助活動を続けていた。生存の望みは細りつつある。だとしても、自衛隊が重機で瓦礫を撤去する前に、

大船渡市では犬を使った外国捜索隊の必死の作業が続いた（2011年3月）

何とかご遺体を発見したい。大船渡地区消防組合が捜索を続ける。

津波は道路ひとつを隔てて、大鉈のように生と死、平穏と破壊を断ち切った。大船渡町に住む佐々木正さんの自宅は無事。すぐ前の道路を、横倒しに流れた木造家屋がふさぎ、目の前に二台の乗用車が重なり、電柱にもたれかかっている。

「人が、油断したかな。津波、早かったもの。こんなになって」。前日買った灯油の買い置き

があり、ストーブで暖をとる。ロウソク生活だが、しばし過ごした避難所より自宅がいい。

雪の降りしきる釜石市では、物資仕分け係の男性が、厚いジャンパー着で足踏みをしていた。市議会事務局長の小林俊輔さん(五六歳)だ。近くの災害対策本部で寝袋生活を送る。海岸から五〇〇メートルの実家は流され、二キロの自宅も二階まで浸水した。

「小さなころから、明治大津波はここまで、昭和津波はここまで来た、と教えられてきた。それを考えて自宅を建てたが、まさかあそこまで来るとは」

早朝から夜中まで物資の仕分けに追われ、体力も限界だ。「雪の降った日は、凍死するかと覚悟しました」

小林さんに限らず、避難所を運営するのは、市職員だ。釜石中学校では、統計係長の栃内宏文さん、資産税係主査の松下隆一さんが、不眠不休で五〇〇人を世話してきた。自ら被災者でありながら、公務員であるばかりに、家族のもとにも帰れない。

兵庫県初の防災監として、阪神大震災の復旧復興にあたった斎藤富雄さんは、現地を視察したうえでこう話す。

「二週間たっても、避難所の環境は阪神大震災の三日目くらい。とにかく人手が足りない。厚労省は、応援保健師らを個別に送っているが、すべて縦割りで、どこにニーズがあるか把握していない。政府が割り振って、全国自治体が個別に、特定の市町村を徹底的に支援する。全国が三～五年支えない限り、被災地が立ち直ることは難しい」

自然災害では、直近の最大被害を基準に防災対策を立てることが多い。一応の目安に過ぎないのに、絶対安心という「安全神話」が生まれる。専門家にとっては「想定外」であっても、被災した人々はその現実に向き合うしかない。

まして同時進行している原発危機は人災である。事故は、「想定外」だからこそ起きる。免罪符にはならない。必死で作業に勤しむ人々を励まし、粛々と各持ち場を守るしかない。

西日本の人々は、阪神大震災や豪雨を経験し、被災地にいる人々の境遇を肌で実感している。この国で、津波被災の実感を欠く真空地帯は、目前の放射線に怯えて萎縮する首都圏だけなのではないか。

二三日夜、宮古市まで、海岸沿いの夜道をひた走った。前後左右、車のライト以外に、どこにも光はない。横殴りに降る粉雪が、廃墟に積もる瓦礫の山を白紗で覆い、すべては白々としている。これほどの無明を、見たことはなかった。

明治の三陸大津波の年に生まれ、昭和の三陸津波の年に逝った詩人がいる。後者の災厄の四日後、友人あての葉書きにこう記した。「被害は津波によるもの最も多く海岸は実に悲惨です」。それでも彼、宮沢賢治が残した「雨ニモマケズ」の詩を心の支えに、被災地の人々は、凍てつく無明の夜に耐えている。

2　類例のない複合被災

複合災害としての東日本大震災

東日本大震災は、歴史上にも前例のない大規模災害だった。

その特徴をあげると、次のようになる。

①３・11は、かつて世界が経験したことのない複合災害だった。二万人近い死者・行方不明者を出した巨大地震、大津波だけでなく、福島第一原発がチェルノブイリと並ぶ最悪の事故を起こし、十数万人規模の住民が長期の避難生活を強いられた。

②３・11は、日本ではかつてないほど広域・長期にわたる災害になった。地震が起きた海域は岩手沖から茨城沖まで長さ約五〇〇キロ、幅約二〇〇キロに及び、津波の影響は北海道から九州にまでわたった。首都圏でも交通がマヒし、東京都内一〇三〇カ所の施設を利用した「帰宅難民」は、約九万四〇〇〇人にのぼった。内閣府が首都圏直下型地震に備えて一一月二日にまとめたネットによる調査結果からの推計では、東日本大震災で「帰宅困難」になった人は都内で約三五二万人、首都圏と茨城県南部で約五一五万人、自宅以外の場所にいた約三割にのぼった。また、震災で電力供給が落ち込んだため、東京電力は震災三日後から四月上旬まで

表1　他の大震災・津波との比較

災害名	発生年月日	マグニチュード	死者・行方不明者数	主な特徴
関東大震災	1923. 9. 1	7.9	10万5千人	大火災
阪神大震災	1995. 1.17	7.3	6437人	都市型震災の帯
スマトラ島沖大津波	2004.12.26	9.1	30万人	大津波
四川大地震	2008. 5.12	7.9	8万6千人	広域
東日本大震災	2011. 3.11	9.0	2万5千人	広域大津波・原発事故

管内の「計画停電」を実施した。また政府も第一次石油ショックの一九七四年から三七年ぶりに、七月一日から九月九日まで、東京、東北電力管内の大口需要家に対し、最大電力を前年比で一五％削減する「電力使用制限令」を発動した。さらに原発事故による県内外への避難は一年後も続き、「警戒区域」への帰還の見込みは立っていない。

③3・11は、交通、通信、電力、物流など高度に集積したネットワークを破壊し、その影響は国内ばかりではなく、海外にまで及んだ。のちに見るように、世界では死者一万人を上回る巨大災害がいくつか発生しているが、これだけの規模で先進国を直撃した例はない。

これを、地震、津波の順に、もう少し詳しく見てみよう。なお、原発事故については第Ⅱ部で詳しく振り返る。

地　震

東日本大震災を起こしたのは、マグニチュード(M)9・0の巨大地震だった。

マグニチュードは地震のエネルギーの規模を示すモノサシで、実際の揺れをあらわす震度とはことなる。この関係は、Mが電灯などの光源だとすれば、震度は場所によって違う光の明るさにたとえられる。

Mは対数値なので、見かけは小さくとも実際の違いは大きい。値が0・2増えるとエネルギーは二倍、1・0増えると三二倍になる。計算のしかたにはいくつかあるが、気象庁ではまず、震災の直後に地震の波形から「M7・9」という速報値を発表し、三月一三日に「M9・0」へと修正した。

M8以上の巨大地震は、ふつうのモノサシでは詳しい違いを測定できないため、震源断層のずれの量から計算する「モーメント・マグニチュード」という方式を使う。今回は、一一日午後二時四六分に、宮城県・牡鹿半島の東南東約一三〇キロ、深さ二四キロでM8・8の地震が一分半続いた。その一分後、やや南側のプレートが一分半にわたって破壊され、さらにその南方で同程度の破壊が起きた。その結果、地震発生から計六分に連続して三つの地震が起き、破壊されたプレートの大きさは南北五〇〇キロ、東西二〇〇キロにわたった。

二〇世紀以降に起きた巨大地震としては、一九六〇年のチリ(M9・5)、一九六四年の米アラスカ(M9・2)、二〇〇四年のインドネシア・スマトラ(M9・1)に次ぎ、一九五二年のカムチャ

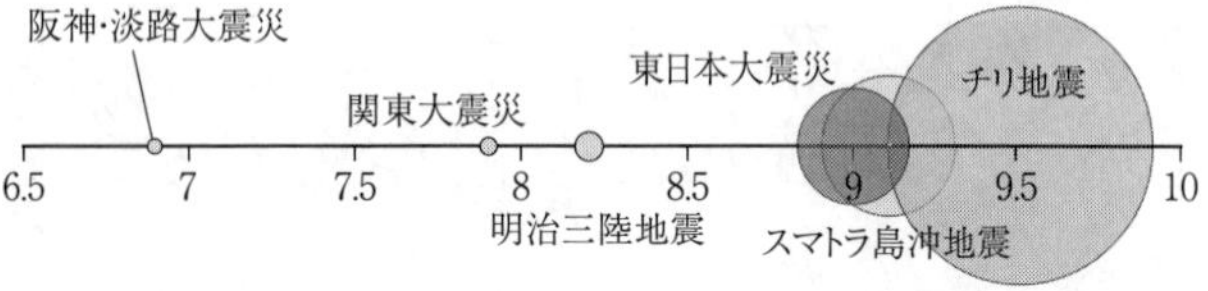

注：横軸はモーメント・マグニチュード，円の大きさは地震のエネルギーの大きさ（マグニチュードが1大きいとエネルギーは約32倍）を表す．
出典：「2011年版 国土交通白書」

図1　地震エネルギーの大きさの比較

表2　1900年以降の世界の巨大地震

発生年	発生場所	マグニチュード
1960	チリ	9.5
1964	アラスカ湾	9.2
2004	インドネシア・スマトラ島北部西方沖	9.1
2011	東日本大震災	9.0
1952	カムチャッカ半島	9.0
2010	チリ・マウリ沖	8.8
1906	エクアドル沖	8.8
1965	アラスカ・アリューシャン列島	8.7
2005	インドネシア・スマトラ島北部	8.6
1950	チベット・アッサム	8.6
1957	アラスカ・アリューシャン列島	8.6

注：マグニチュードはモーメント・マグニチュード（Mw）
出典：「2011年版 国土交通白書」

ッカと並ぶ世界四番目の大きさだった（表2）。エネルギーで比較すると、一九二三年の関東大震災の四五倍、一九九五年の阪神大震災の一四五〇倍にあたる（図1）。

今回の震災は、日本列島の東側にある太平洋プレートと北米プレートのぶつかり合いで起きた海溝型の地震だった。

政府の地震調査委員会は、宮城県沖で「三〇年以内に九九％の確率で、M7・5程度」の地震が起きると予測していた。しかし現実にはエネルギーにして一八〇倍、震源の海域もはるかに広い範囲で巨大地震が発生した。

　産業技術総合研究所は二〇〇四年から、東北地方を八六九年に襲った貞観地震の研究を進めていた。岩手、宮城、福島、茨城の沿岸部の地層から採取した堆積物の分析から、この地震によって起きた津波の浸水地域は、今回の地震による津波とほぼ同じであることがわかった。今回の地震と津波が、「千年に一度」と呼ばれるのはそのためだ。

　大規模被害が集中した岩手、宮城、福島の三県では、地震に続いて発生した大津波の被害があまりに甚大であったために、地震そのものの被害が霞んでしまう結果になった。しかし、福島県の内陸部である郡山市や須賀川市の市庁舎が使えなくなるなど、震災被害は広範囲に及んだ。須賀川市では、震災と同時に長沼地区にあるダムせきとめの藤沼湖が決壊し、高さ一八メートル、幅一三三メートルの湖にたまっていた水一五〇万トンが一気に流れ落ち、七人が亡くなり、一人が行方不明になるという「内陸の津波」が起きた。

　津波浸水がなかった地域で今回大きな被害を出したのは、「液状化現象」だった。「液状化」は、水分を含んだ砂地の地層が揺さぶられ、砂粒同士の結びつきがゆるんで地盤が液状になり、建物が傾くなどの被害が出る現象を指す。

　東京電機大の安田進教授によると、その規模は東京湾岸だけでも四〇平方キロにわたった。これはＪＲ山手線の内側の半分以上の面積で、国内では過去最大級にあたるという（四月一二日付朝日新聞朝刊)。

国土交通省と地盤工学会が八月にまとめた報告書によると、関東では茨城、栃木、群馬、埼玉、千葉、東京、神奈川の一都六県で液状化が起きた。東京から千葉にかけての東京湾岸と、利根川下流域に集中していた。関東では少なくとも九六の市区町村で液状化が起き、茨城県が三六で最も多く、次いで千葉県が二五あった。

七月末に国土交通省が公表した「二〇一一年版 水資源白書」によると、今回の震災で全国の住宅二三〇万戸で断水した。東北では宮城(六二万戸)、福島(四二万戸)、岩手(二四万戸)の順に多かったが、関東でも茨城(四七万戸)と千葉(三七万戸)に大きな被害が出た。東北では揺れ、関東では液状化による断水だった。

また、震災による火災では、地震から一〇分後に千葉県市原市五井海岸のコスモ石油千葉製油所で起きたLPGタンク爆発が記憶に新しい。これは、検査のためにLPGの二倍の重さの水で満たしたタンク一基が、想定以上の負荷を支えきれずに倒壊して近くの配管を破損し、漏れたLPGガスに引火して一七基が爆発、炎上したものだった。火災は一一日目にようやく鎮火した。

今回の地震では、震源地近くでは短周期の揺れが目立つ一方、東京都など遠隔地に、長周期の揺れが長く続いた。大成建設ホームページによると、木造や鉄筋コンクリートの建物に共振を起こす周期は一～二秒の揺れとされる。阪神大震災ではピークがこの周期にあたったために倒壊被害が相次いだ。今回は、震源近くでは周期がそれよりも短く、比較的倒壊が少なかったとみられる。だが、東京の新宿センタービルでは、地震到達の四分後、最上階で三秒間に一〇八センチの横揺れを観測した。今回の揺れは一三分間を超える八〇〇秒も続き、「一分以上の揺れに耐える」という高層ビルの国の耐震想定強度をはるかに上回る揺れになった。

津波

東日本大震災は、それに続く大津波で東北三県を中心に甚大な被害をもたらした。

震災後、関西大学や京都大学防災研究所が事務局となり、全国の大学や研究機関、行政や民間企業など約五〇の組織から、津波工学や海岸工学などの専門家約一五〇人が協力して調査にあたった。津波データについては、この「東北地方太平洋沖地震津波合同調査グループ」の報告書がもっとも詳しい。

津波調査にあたっては、陸上に残った津波の痕跡(ウォーターマーク)が、海面からどれだけの高さになっているかというデータが重要になる。この津波痕跡高は、浸水範囲の最高到達点を示す「遡上高」と、それ以外の「浸水高」にわかれる。グループは手分けをして五〇〇〇地点以上の高密度で測量データを集めた。データを解析した防災研究所の森信人氏の報告によると、三陸沖では痕跡高が二〇メートルを超える地域は南北に約二九〇キロ以上にわたり、三〇メートルを超える地域も約一九八キロに及んだ。

これを痕跡高が一〇メートル以上の地域にまで広げると、青森県から茨城県まで長さ約四二五キロになるという。

リアス式海岸の三陸地方では、遡上高が軒並み高く、津波は一気に高台まで駆け上がった。内陸部への侵入は、河川に沿った遡上が多かった。これに対し宮城県南部では、沿岸の平野部で高さ一〇メートルを超す津波が、場所によっては五キロも遡上していた。

土木学会東日本大震災特別委員会の津波特定テーマ委員会は九月一四日記者会見を開き、岩手県宮古市で遡上高三九・七メートルを測定したと発表した。これは明治三陸地震の三八・二メートルを更新し、観測史上で最高値になった。

三陸地方は、明治以降二回、大きな津波地震に襲われている。一八九六（明治二九）年六月一五日に死者・行方不明者約二万二〇〇〇人を出した「明治三陸地震」と、一九三三（昭和八）年三月三日に死者・行方不明者三〇〇〇余人を出した「昭和三陸地震」である。

将来の被害を想定する政府・防災会議の地震調査委員会は、二〇〇二年、日本海溝沿いのどの地域でも、「明治三陸地震」と同程度の津波震災が起きる、と予測していた。だが中央防災会議はこの予測をとらず、過去に起きた地震のみを参考に、三陸沖北部、宮城県沖、明治三陸

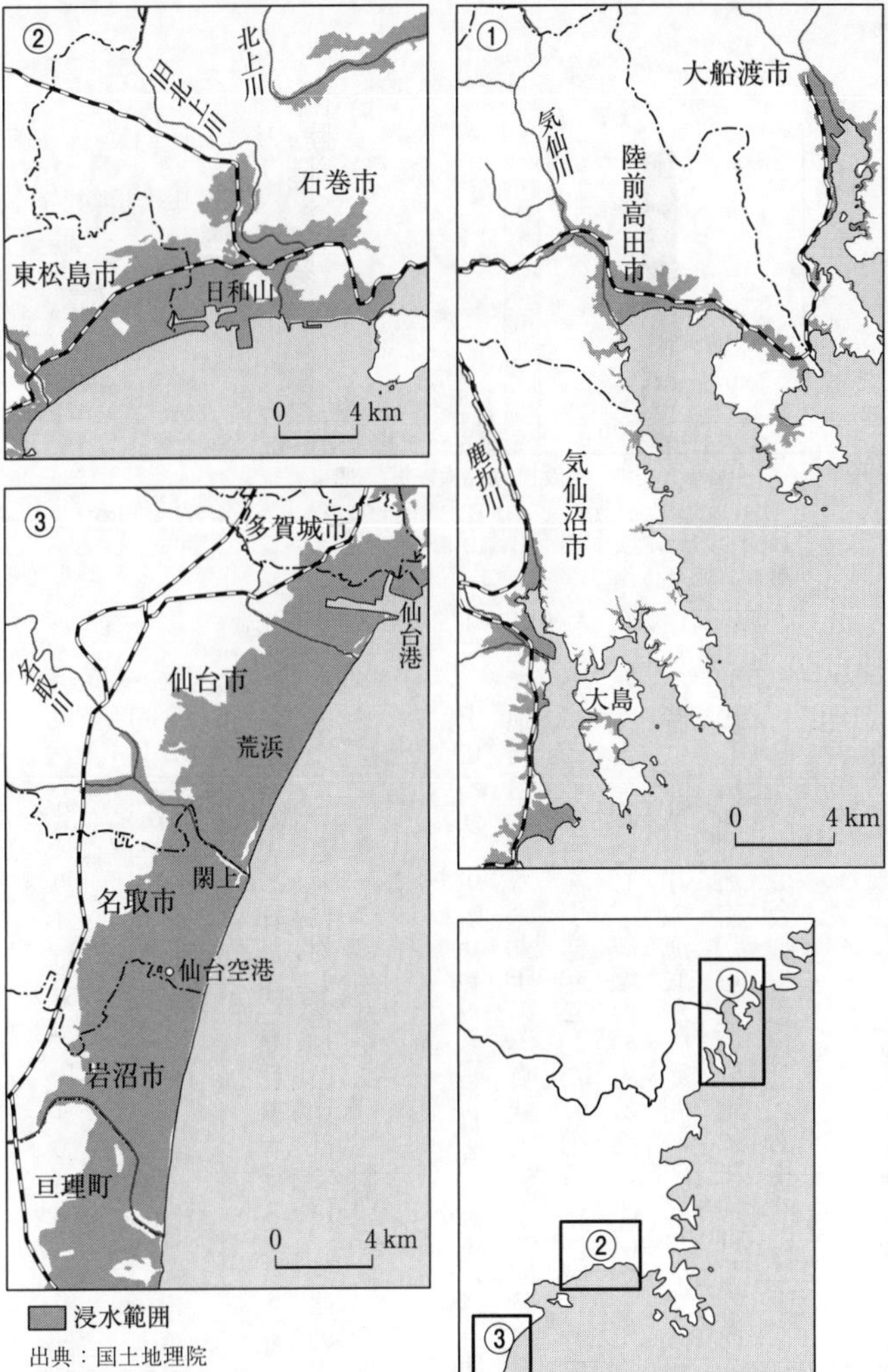

出典：国土地理院

図2　津波浸水範囲

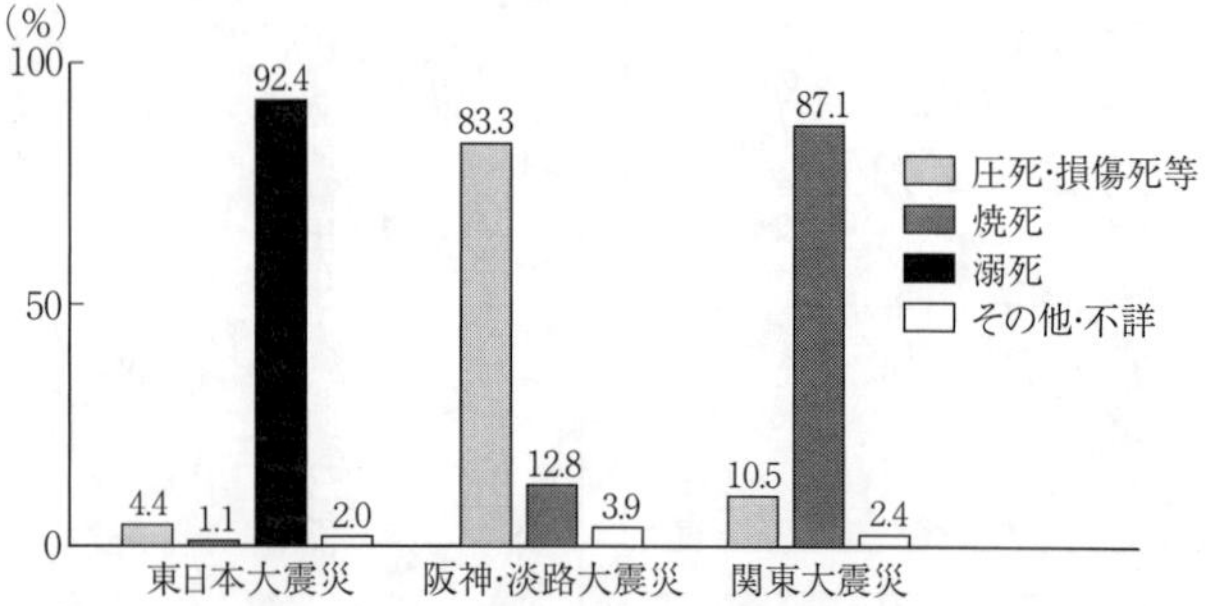

注：東日本大震災は2011年4月11日までに確認された死者数．死因の区分については各震災で異同があるが簡略化した．
出典：「2011年版 国土交通白書」

図3　大震災における犠牲者の死因割合

表3　東日本大震災の死者・行方不明者数（2012年2月16日）

地域	死者	行方不明者
北海道	1	0
青森	3	1
岩手	4,670	1,313
宮城	9,509	1,754
山形	2	0
福島	1,605	216
茨城	24	1
栃木	4	0
群馬	1	0
千葉	20	2
神奈川	4	0
東京	7	0
合計	15,850	3,287

出典：警察庁緊急災害警備本部広報資料

タイプという三つの類型をあげ、個別に被害を想定していた。

ところが、実際に起きた東日本大震災は、「明治三陸地震」と、八六九年の「貞観地震」が同時に発生したほどの被害を引き起こした。前者は海溝付近で海底が大きく隆起し、破壊力のある高い津波をもたらす。後者は陸地寄りの海底が広範囲に隆起し、津波が長時間にわたって海岸から遠い陸地にまで押し寄せる。結果として、防災会議の想定は、あまりに低すぎることが明らかになった。

　警察庁は四月一一日段階で、東日本大震災により被災三県で亡くなった方々の死因を分析したが、「溺死」が九二・四％、「圧死・損壊死」四・四％、「焼死」一・一％で、圧倒的に津波による溺死者が多かった（図３）。政府の調べによると、九月二六日現在で全壊は一一万七五四二戸、半壊は一七万七一九二戸。あまりに痛ましい被害だった。

　なお、近年で最悪の津波被害は、二〇〇四年一二月二六日、現地時刻で午前七時五八分に発生したインド洋大津波だった。インドネシア・スマトラ島沖で発生したＭ９・１の巨大海溝型地震は、全長約一〇〇〇キロにわたって地殻を破壊し、インドネシアだけで二五万六〇〇〇人、スリランカ、インド、タイなどを合わせると三〇万人といわれる死者・行方不明者を出した。この津波では、多くの場所で大地震の発生を知らず、津波警報もなかったこと、被災地ではふだん、サイクロンなどに襲われることがめったになかったため、海岸沿いに無防備なまま、多くの人々が密集して住んでいたことなどが、膨大な犠牲者を出した理由としてあげられている。

第2章　生と死の境

1　避難と再会

気仙沼の吉田家

地震、津波、火災。東日本大震災で、三つの災害が重なった宮城県気仙沼市。主婦吉田教那《みちな》さん(二六歳)の一家四代八人は、大地が揺らいだその時、離れ離れの場所にいた。大津波が来るまで、残された時間は、あと三〇分だった。

三月一一日午後二時四六分、教那さんは、五カ月になる次男圭吾《けいご》ちゃんと、小々汐《こごしお》で酒店を営む祖父清實《きよみ》さん(八二歳)の実家にいた。

ぐらーん、ぐらーん。祖父の世話をしていた教那さんは、立っていられないほど大きな横揺れに、思わず我が子を抱えた。家が停電し、棚の酒瓶が全て倒れ落ちた。家の中にいては危ない。いったん、外に出て様子をうかがった。

「津波だ。裏山に登れ」

一九六〇年のチリ地震津波を経験した祖父が言った。あのとき、津波は裏山まで届かなかった。

裏山は避難所に指定されていたが、施設がない。吹きさらしの山に母子が孤立すれば、乳児を守れない。

「私たち、浦島小学校に行く」

ミルク、オムツ、お湯入りポットと毛布を引っつかんだ。祖父と離れて、パート店員の三人で外に出た。地割れが足元に迫っていた。家々が「プリンのように」揺れた。車を運転し、浦島小まであと二キロに迫った時だ。

「道路に亀裂が入った。これ以上、運転できないぞ」

車が坂の下に二〇台ほど停まっていた。これ以上待っていては危ない。車を乗り捨て、乳飲み子を抱えて二キロの坂道を必死で走った。坂を上りつめた時、すぐ目の前に水が迫っていた。

坂の下に並ぶ車に、大津波が襲いかかるのが見えた。

土建業勤務の夫、孝幸《たかゆき》さん(三六歳)は、内湾の北部高台にある東陵高校近くの会社で仕事をしていた。

大揺れに耐え、外に飛び出ると、ほどなく水が迫った。

「やばい」。押し流される車の窓から、必死で逃げ出そうとする人が見えた。大きな船が、津波の濁流に押し流されて丘を上ってくる。携帯電話をかけた。妻にも、祖父の家にもつながらない。やっと義母、みや子さん（五六歳）につながった。

「津波よ」。そういったまま、義母が電話口で言葉をのんだ。

「匡希《こうき》の幼稚園は？」

夫が二歳の長男の安否を尋ねたところで、電話が切れた。

みや子さんは、市立病院の一階病室にいた。一カ月前に家の前で転び、右大腿《だいたい》部を骨折した祖母和江《かずえ》さん（八一歳）に付き添っていた。地震直後、看護師たちが病室に駆けつけた。「津波です。すぐに避難します」。闇の中、ベッドにいた六人の患者をそれぞれ車イスに乗せ、みんなで車イスごと持ち抱えて二階まで階段を押し上げた。

湾を望む気仙沼漁協に三三年間勤める父親の教範《みちのり》さん（五三歳）は、横揺れで倒れそうな事務所のロッカーを支えた。机のパソコンが倒れ、「大津波警報」の放送が流れた。すぐに屋上に避難した。

チリ地震津波の時には、ゆっくりと水が引き、内湾の底が見えた。今回は水が引く前に大きな海の壁が押し寄せ、濁流の渦となって建物をなぎ倒した。三〇隻の遠洋延縄船や、巻網船、造船場で修理中だった大型船も次々に押し流され、高台に向かっていく。次々に避難して来る人々を誘導するのに無我夢中だった。内湾の入り口にある重油タンク六、七基が倒れて流され、

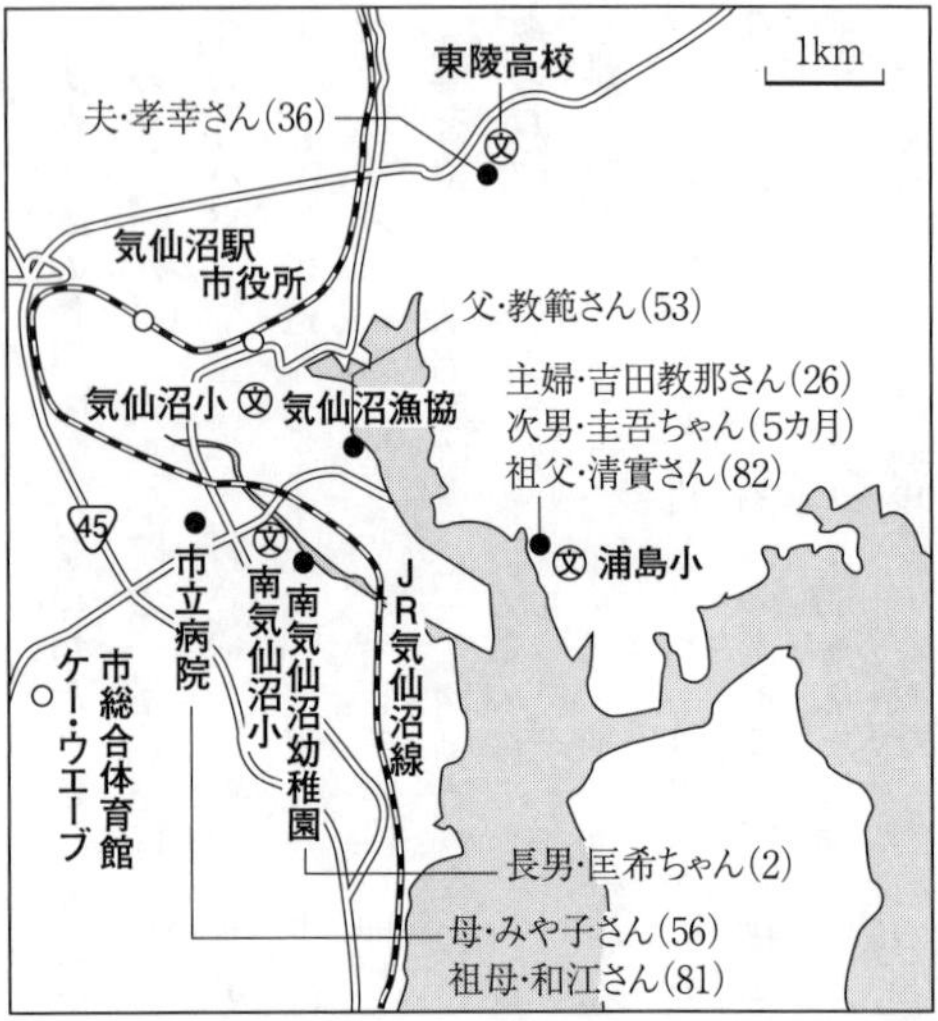

図4　吉田さん一家の足取り

夕方、一面に火の手があがった。

浦島小に避難した教那さんは、校庭で頭から毛布をかぶっていた。相次ぐ余震で、校舎は危険だった。明るい時間のはずなのに煙が満ち、黒いカーテンに包まれたようだった。爆発音が響いた。対岸で火花が散った。息をすると油のにおいがして、思わずむせ返った。圭吾ちゃんを見ると、鼻の穴が黒くすすけていた。

水が引き始めたころ、夫は必死で避難所を訪ね歩いた。妻とは連絡がつかない。長男はどこにいるのか。夜の九時、知り合いに出くわして、長男が通う南気仙沼幼稚園の園児は、近くの南気仙沼小に避難したと聞かされた。急いで小学校に向かった。

校舎は腰までの水に浸っている。水中に入って進んだ。ウーッという、うめき声。「助けて」という、かすかな声が聞こえた。助けようにも真っ暗で方角もわからない。痛いほどの寒さに引き返し、車の中で一夜を明かした。

　明け方五時半。足首ほどに引いた水をかき分け、校舎に駆け込んだ。園児は三階に避難しているという。教室に入った。先生たちは、窓辺で沖を見ていた。園児たちは頭を並べてすやすや寝ていた。

　いたぞっ。眠っていた長男を起こして抱いた。急に泣き出した匡希ちゃんを、今度はあやさねばならなかった。

　教那さんはその後、自衛隊のヘリコプターで救助され、気仙沼小に降ろされた。水も食糧も、ミルクを溶かすお湯もない。市役所別館まで歩き、ようやくお湯を手に入れた。

　父、夫と長男、教那さんは、それぞれ祖母と母がいる市立病院を目指して歩き始めた。携帯電話も通じず、たがいの消息もつかめないなかで家族を引き寄せる目印になったのは市立病院だった。

　ところが津波で重傷を負った人々を収容するため、病院は患者であふれ、祖母らは高台にある市総合体育館「ケー・ウエーブ」に避難しなくてはならなかった。その行方を追って、家族はまた「ケー・ウエーブ」に向かった。散り散りになった一家全員がようやく再会したのは一五日だった。

　裏山に避難した祖父は水にのまれ、行方不明になった。祖父の住まい、両親と若夫婦の実家

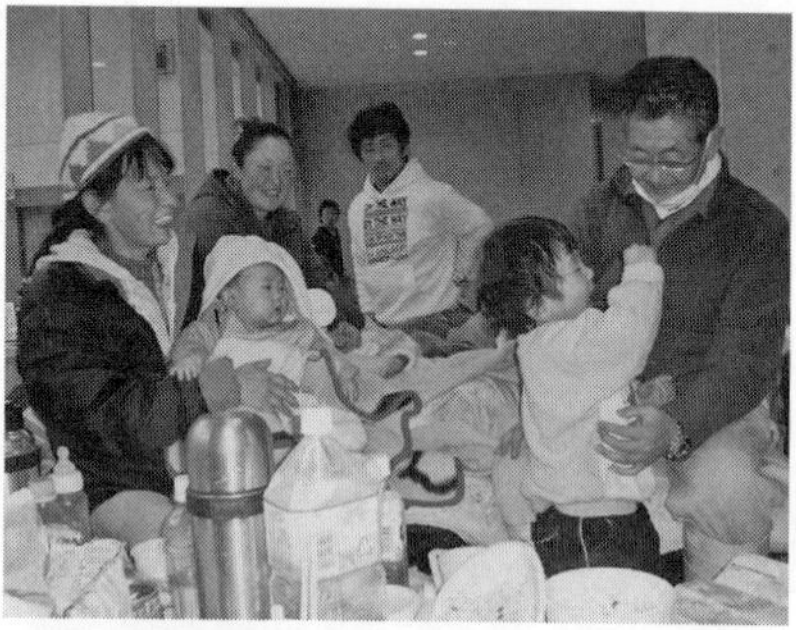

気仙沼の避難所「ケー・ウエーブ」で暮らした吉田教範さん一家(2011 年 3 月)

気仙沼の借り上げ住宅に移り住んだ吉田さん一家(2011 年 12 月)

がいずれも流され、無一物になった。骨折した祖母は叔父の家に身を寄せ、三月下旬には一家六人が避難所で暮らす。

「ケー・ウエーブ」には一八〇〇人の住民が避難していた。長男が闇を怖がり、次男が夜泣きをするので、周囲に気を遣った一家は体育館の外のロビーで寝起きする。それでも一家がそれぞれの危機を乗り越え、また一つになった安心には代えがたい。

気仙沼は内湾から高台までの距離が長い。大人が全力で走ってようやく逃れられる三〇分だった。動けないお年寄りを抱える人々は車で家に向かい、亀裂の走る道で渋滞に巻き込まれ、水に呑まれた。

「おばあちゃんが入院していたお陰で、混乱時にも病院が目標になった」と教那さん。父親の教範さんは毎日、遺体安置所に足を運ぶ。「想像を絶する津波に私たちも目覚めた。ここでの生活もそろそろ限界。お年寄りや幼児が住める仮設住宅への道筋がほしい」と、二一日話した。

三月一九日は、匡希ちゃんの三歳の誕生日だった。その日の夕食で初めて、カレーライスが配られた。人数分の皿を丸く並べた。喜びを分かち合う、誕生ケーキに見立てて、ささやかなお祝いをした。

大槌高校

岩手県大槌《おおつち》町は、湾に浮かぶ蓬莱島《ほうらいじま》が、井上ひさしさんのテレビ人形劇、「ひょっこりひょうたん島」の舞台になったことで知られている。町の防災無線では、正午になると、その主題歌が流されていた。また町にある「吉里吉里《きりきり》」地区は、井上さんの小説「吉里吉里人」の題名にもなった。

その町の高台にある県立大槌高校を訪ねたのは、震災から一二日がたった三月二三日の夕方だった。

津波は蓬莱島が浮かぶ大槌湾から高さ六・四メートルの防潮堤を乗り越え、町の中心部を流れる大槌川、小槌川に沿って猛烈な速度で駆け上がった。その浸水の高さは一〇〜一五メートルに達した。中心部はほぼ壊滅状態になり、津波にさらわれて一面が平坦になった町には、建物の跡すら残されていない。どこにも人の気配がない。そこに小雪が降り、横殴りの風にあおられて白いヴェールのように舞っていた。

大槌町では、大槌川河口から数百メートルの地に立つ町役場に津波が襲いかかった。初めの大地震で、古い鉄筋コンクリート二階建ての庁舎が崩れるおそれがあったため、加藤宏暉町長ら役場職員十数人は、玄関横に机やイスを出して、災害対策本部の設置について話し合いをしていた。海側にはブロックの塀があり、視界はさえぎられていた。そこに濁流が押し寄せた。津波に気づいた職員らは必死で階段を駆け上がって二階に行き、そこから鉄のハシゴで屋上にまで避難した。だが、逃げ遅れた加藤町長ら職員三三人がそのまま濁流に呑まれた。

厳寒のなか、厚着をした高橋和夫校長は、大槌高校の校長室で慌しく対応に追われていた。そこで暮らす人々は当時約六〇〇人。体育館に二〇〇人以上が暮らし、三階までの普通教室一五部屋にも住民が避難して満杯に近かった。

坂の上にあった校舎は無事だったが、震災から間もなく、近くの北小学校から児童や先生、保護者ら一六〇人が避難して来た。北小学校は、津波で流された車や建物がぎっしりと押し寄せ、一階にまで浸水して危険な状態だった。

その夜はクラブ合宿用に保管しておいたガスコンロや布団を取り出して暖をとったが、食糧や水はなかった。翌一二日の午前三時ごろ、自衛隊員三人が、徒歩で学校まで上ってきた。下に三〇人ほどの隊員がいるが、道路が流木で埋まり、車を使えないという。午前六時ごろには、自衛隊員がカンパンやご飯の入った缶詰を届けてくれた。

一二日朝になると、今度は隣接する遠野市の職員が、山道を越えて毛布一〇〇枚と、食糧や水を届けてくれた。深夜に大槌町から救援を求める人が災害対策本部にやってきたので、すぐに東に向けて四〇キロの距離を走行し、備蓄用の物資を運んでくれたのだった。柳田国男の『遠野物語』にも登場する遠野市は、昔から沿岸部と内陸部の交易を結ぶ繁華な街道筋の要地だった。二〇〇七年には沿岸部の市町と津波に備えた協議会をつくり、いざという場合には後方支援にあたることを決めていたことが幸いし、迅速な救援にあたることができた。

前年の四月に盛岡から単身で赴任してきた高橋校長は港に近い場所に住んでいたが、自宅は津波に呑まれて跡形もなかった。非常勤を含め、高校には三四人の職員がいるが、うち二一人の住宅は流され、職員の叔母一人が行方不明になった。地震が起きたのはたまたま平日の午後で、高台の高校にいた先生や生徒は無事だったが、もし別の時間帯だったら、人々の明暗は大きく変わっていたかもしれない。定規をあてたように、浸水地とそうでない地域を線引きする津波の非情さと、その発生時刻の偶然が分けた運命の無情に、言葉を失った。

大槌高校への避難はその後も続き、一三日には、大槌川沿いに建っていた県立大槌病院からも医師の付き添いで入院患者ら四〇人が運ばれてきた。患者らは病院の三階に避難していたが、電気も水もなく、消毒すらできない状態が続いていた。一五日には避難者が七〇〇人に増え、さらに地域に残る住人二〇〇人にも食事を支給した。

大槌町には、面積にして二％の市街地に、一万五二〇〇人強の住民の八割近くが住んでいた。そこを津波が襲ったため、九月二二日現在で、死者八〇二人、行方不明五七六人という膨大な犠牲者を出した。無念というほかない。

2　なぜ被害は拡大したのか

甘い想定

明治、昭和と二度、一九六〇年のチリ地震津波を含めれば三度の大きな津波を経験した東北地方で、今回なぜこれほど多くの人命が失われたのだろう。それは避けられなかったのだろうか。今後一人でも多くの人を救うために、私たちができることは、何だろうか。

津波への対策はこれまで、①将来の地震津波の被害を想定し、その結果を地域の防災計画づくりにいかす、②津波の被害を軽減する、という二本柱で進められてきた。

①は前に見たように、政府の中央防災会議が、過去に発生した地震の可能性を考慮し、発生の確率や切迫性の高さを見積もりながら地震動や津波の高さを推計してきた。それを発生時間帯や季節、風速など異なる複数の場面にあてはめ、人の命や建物などの被害を想定する方式だ。これを前提に、地域ごとに防災計画を立て、いざという場合に救出や、救援などの具体案を練ることになっていた。

しかし今回の東日本大震災では、すべての面で、この想定をはるかに上回る津波が押し寄せ、被害を拡大した。裏を返していえば、想定がはるかに甘かったということになる。

今回の震災前に中央防災会議が明治三陸モデルで想定した被害は、M8・6の地震で、浸水面積は約二七〇平方キロメートル。死者・行方不明者は約二七〇〇人、建物全壊は約九四〇〇棟だった。

実際の東日本大震災では、M9・0の地震による津波で浸水面積は約五六一平方キロメートルと倍以上に広がり、死者・行方不明者は約二万人で約七・四倍、全壊建物では一一万三三〇〇棟で想定の約一二倍という甚大な被害をもたらした。

では、②の被害軽減策はどうだったのだろう。これは大きく分けて三つある。(a)防災体制、(b)津波防災の町づくり、(c)防災施設である。順を追ってみてみよう。

(a) 防災体制

防災体制の充実とは、ふだんから自主防災など防災の備えをし、津波警報など住民への伝達手段を確保し、避難路や津波避難ビルを設け、ハザードマップなどを配って津波について啓発することを指す。

気象庁は全国一八四地点で津波の高さを観測し、速報する仕組みをもっている。また陸地で一三七八地点、海域で四二地点に地震計を置き、地震をリアルタイムで観測している。こうした警報は気象情報伝送処理システムや防災情報提供システム、衛星回線などを通じて、ただちに防災機関や報道機関に伝えられる。

市町村長は、津波警報を受け取ったり、震度四以上の揺れや長時間の揺れがあったりした場合には、防災行政無線や広報車、サイレンや半鐘などで住民に避難を指示する。

消防庁が二〇一〇年一一月に調べたところ、津波が想定される全国の六五六市町村で、避難勧告の基準を定めていたのは、六七・八%にあたる四四五だった。「策定中」は、一二一・四%にあたる一四七市町村だった。

過去に津波が頻発した東北三県の三七市町村はさすがに全国平均を上回っており、「策定済み」は九一・九%、「策定中」は二・七%、「未着手」は五・四%だった。ほとんどの市町村は、避難の手順を決めていたことになる。

実際にはどうだったのだろうか。

気象庁は地震から三分後には津波警報を発表した。しかし、これは地震の規模がM7・9という推計をもとにしており、津波予想は岩手で三メートル、宮城で六メートル、福島で三メートルというきわめて低い数値だった。また、地震から二八分後に、沖合の全地球測位システム(GPS)波浪計をもとに発表した第二報も、宮城が一〇メートル以上と予測したが、岩手と福島が六メートルで、実際よりはまだ低い数値だった。ちなみに二八分後は、多くの地域で津波が押し寄せたか、押し寄せる寸前の時刻だった。気象庁が東北三県と茨城、千葉県の外房などに「一〇メートル以上」という警報を発したのは、地震から四四分後の午後三時半で、そのときはすでに手遅れになっていた。

中央防災会議では、広帯域地震計が振り切れ、巨大地震の規模を正確につかめなかったとしており、こうした過小評価による予報が、避難の遅れにつながった可能性がある。

実はこの日、長野市松代町にある気象庁の精密地震観測室は、地震発生から約一〇分後には、地震の規模がM9・0であることを算出していた。これは各国の観測データをインターネットで入手し、海外での大地震の規模を算出する組織だが、国内の地震は担当外として、その観測は国内の業務の手順からは外されていた。気象庁は二〇一一年六月から、国内地震の規模の計算に、観測室の速報も参考にすることにした。

避難行動の実態

では、住民は実際に、避難にあたってどのような行動をとったのだろう。

内閣府と消防庁、気象庁は二〇一一年七月、岩手、宮城、福島の三県で、県内に避難していた八七〇人を対象に、避難について面談調査をおこなった。浸水地域に住む五〇万人全体からすれば小さな数とはいえ、実際の行動を探るうえでは貴重な調査だ。

その結果によると、揺れがおさまってすぐに避難した「直後避難」は四九六人で全体の五七%、なんらかの用事を終えて避難した「用事後避難」は二六七人で三一%、用事をしている最中に津波がせまってきたという「切迫避難」も九四人で一一%にのぼった。つまり、六割近い人はすぐに避難したが、四割の人々は、なんらかの用事にとらわれて避難が遅れたことになる。「切迫避難」をした人の二八%は津波に巻き込まれて流され、二一%は津波が迫って体が濡れるなどした。まさに、危機一髪だったといえる。

避難のきっかけについて質問したところ、複数回答でもっとも多かったのは「大きな揺れで津波がくると思った」が四八%。「家族や近所の人が避難を呼びかけた」が二〇%、「近所の人が避難したから」も一五%になった。「津波警報を見聞きしたから」は一六%で、警報とともに、家族や近所の人の声のかけあいが重要であることをうかがわせた。なお、「警報を見聞きした」人は全体の四二%だったが、そのうち八割は避難の必要性を感じていた。

地震のあとに、自分のいた場所に「津波が必ずくる」と思った人の割合は、「直後避難」の三四%、「用事後避難」の二〇%、「切迫避難」の一一%という順に下がっており、津波への危機意識の高さが、早期避難につながった可能性がある。また「直後避難」をした人の半分近くが、「二〇分以内に津波がくる」と予想しており、ここでも危機意識の高さが行動にあらわれた。

では、すぐに避難しなかった人は、なぜそうしなかったのか。「用事後避難」や「切迫避難」の人々にその理由を複数回答で聞いたところ、もっとも多かったのは「自宅に戻ったから」の二二%で、「家族を探したり、迎えにいったから」の二一%が次に続いた。「過去の地震でも津波がこなかったから」は一一%だったが、これをぎりぎり津波に巻き込まれそうになった「切迫避難」だけでみると、二三%にはねあがる。つまり多くの人々が帰宅したり、家族を探したりして避難が遅れたが、津波を軽視していた人も、瀬戸際で、からくも脱出した例が多かったといえる。

車避難の三割強が渋滞に

避難にあたって車を使ったという人は、全体の五七%に上った。そのうち三四%までが、「渋滞に巻き込まれた」と答えている。その割合は、宮城県では四〇%に達している。過疎化が進む東北地方では、公共交通機関が細っており、車を使う世帯が多い。家族を迎えに行ったり、安否を確認するために車で出かけ、渋滞に巻き込まれた人が多かったろう。これは幸いに生き延びた人への調査結果だが、車ごと津波に巻き込まれて亡くなった人々は、ずっと多かったに違いない。痛ましい限りだ。

津波の訓練や研修には、「ほとんど参加した」という人が三二%、「参加したことがある」と答えた人が二九%で、防災意識の高さをうかがわせた。

今回の津波の教訓について、自由回答でたずねたところ、「大きな揺れがあったら、すぐに避難する」「ここなら津波はこないという思い込みは危険」「過去の津波経験にとらわれないこと」などの答えがあったという。

三陸地方では古くから、「津波てんでんこ」という言い伝えがあった。津波があったら、他人にかまわず、それぞれがてんでに逃げて自分の命を守れ、という教えだ。だが、家族や肉親、とりわけ家に残るお年寄りを救いたいという思いは切実で、簡単に割り切ることはできない。

ふだんから、お互いに「てんでんこ」で自分の命を守ることを約束しあうと同時に、自力では逃げられない人をどう救うのか、あらゆる知恵を集めることが大切だろうと思う。

(b) 津波防災の町づくり

被災した各自治体では、津波浸水が予想される地域を地図で示す「ハザード・マップ」を全戸配布していた。しかし先に引用した内閣府などの調査では、「自宅の壁などにはっていた」が九％、「自宅に置いて、たまに見ていた」が一一％に過ぎず、ほとんどの人は活用していなかった。ただ、仙台市や石巻市では、ハザード・マップをはるかに上回る広い地域が津波に襲われており、あまりにハザード・マップに頼りすぎるのも、かえって危険な場合がある。

では、津波災害に強い町づくりを、どう進めたらよいのか。

過去に何度も津波に襲われた東北では、実際に防災町づくりを強化してきた。そのどこに限界があったのかを見てみよう。

中央防災会議の専門調査会が二〇一〇年九月二八日にまとめた「参考図表集」によると、一八九六年の明治三陸地震のあと、岩手県では地元有力者の指導で、自己負担中心の高地移転がおこなわれた。宮城県でも、移転に伴う道路整備費用を県が特別に補助して、高地へ移り住んだ。しかし一〇年ほどすると、漁業で海に通うには不便などの理由で、しだいに元の集落に戻る人々が出てきた。また、移住者を多く受け入れた村では、移住者に津波の体験が伝わらず、一九三三年の昭和三陸地震では、再び同じ場所で被害がでた。

専門調査会は、今回の東日本大震災で明暗を分けた二つの例をあげている。一つは宮城県石巻市北上町十三浜相川だ。ここは昭和三陸地震の後に、元の集落から約五〇〇メートル北に離れ、満潮面から三一メートルある高台に集団で移住した。今回もまったく被害はなかったという。

しかし、移住してもなお、被害を受けたところがある。大槌町吉里吉里だ。ここは明治三陸地震の際には八・五メートルの津波で一〇〇戸以上が流出し、約五〇戸が西北部の山麓に移住した。しかし昭和三陸地震の際には、元の場所に戻った家や新規移住者の家など二七二戸のうち一〇五戸が津波に押し流された。その後、地盤面が一一・八メートル以上の緩斜面に移住したが、今回の東日本大震災では、高地移転した地区も含めて全域に浸水した。

一九六〇年のチリ地震以降は、津波防災施設中心の事業対策がおこなわれ、陸前高田市の二段構えの堤防や、大船渡市の世界初の津波防波堤が築かれた。だがこうした堤防は、原則として「チリ地震津波の潮位を基礎」にしたため、十分ではなかった。

(c) 防災施設

宮古市田老には、「万里の長城」と呼ばれる大防潮堤が築かれていた。中央防災会議の資料によると、明治三陸地震ではこの地区に波高一五メートルの津波が押し寄せ、二八五戸が流出し、一四四七人が亡くなる大惨事になった。昭和三陸地震でも、田老・乙部をあわせた地区に波高七・六メートルの津波が襲いかかって五〇三戸が流され、死者・行方不明者は八八九人に上った。

先に引用した「東北地方太平洋沖地震津波合同調査グループ」が、二〇一一年七月一六日に高槻市でおこなった合同調査報告会で、岩手大学の小笠原敏記氏らは、その後の田老地区の防潮堤の建設を次のようにまとめた。

第一期は、昭和三陸地震の翌年一九三四年から五七年度までに建設された、集落を囲むような全長一三五〇メートルの内寄りの防潮堤。第二期は、チリ地震後の一九六二年から六五年度にかけ、湾口と平行する形で作られた全長五八二メートルの海寄りの防潮堤。第三期は、七三年から七八年度にかけ、第二期工事と対をなす形で湾口に平行する五〇一メートルの海寄りの防潮堤。

小笠原氏らの調査では、今回の津波は防潮堤を乗り越え、海寄りにあった第二期工事の防潮堤が全壊し、第三期工事の半分で、防潮堤の裏の斜面が損壊したという。

岩手県釜石市には、海沿いの防潮堤のほかに、深さ約六〇メートルの海底に巨大なコンクリート塊を沈めた全長二キロの津波防波堤があった。海からの高さは六メートル、厚さも二〇メートルに及んでいた。だがこの防波堤も土台が流されて多くが崩壊した。

国土交通省の交通政策審議会港湾分科会防災部会が二〇一一年七月六日にまとめた「港湾における総合的な津波対策のあり方」によると、その破壊のメカニズムは次のようなものだ。まず、防波堤が津波をせき止めたことから、港の内側と外側の水位の差が大きくなった。このため、コンクリート塊がすべり、基礎部分が洗い流されて防波堤が滑落した。また、陸地にある防潮堤も、津波が乗り越えて裏側の斜面や底の部分を洗い流し、倒壊した場合が多かったという。

しかし、破壊されたとはいえ、一定の効果はあった。「津波対策のあり方」のシミュレーションの結果では、津波防波堤は湾の奥に到達した津波を高さで約四割、流速で五割減らしたという。また、津波の第一波が、陸地の防潮堤を越えるまでの時間を、六分間遅らせた。避難所でのアンケート調査をもとに推計したところ、この六分間で、約一三〇〇人が避難所までたどりつけたという。

しかし、そのうえでこの報告書は、「発生頻度が低く規模の大きい津波に対してまで背後を構造物で守りきることは経済的に困難であり、今回の津波によって構造物の防災機能に存在する限界が改めて認識された」と指摘している。

3　日本列島と津波対策

巨大地震の「巣」

東京大学地震研究所は、東日本大震災のあと、一九〇〇年以降に発生したM8・8以上の地震を地図に落とした「世界震源分布」をサイト上で公開した。

これを見ると、巨大地震のほとんどは、南北アメリカ大陸の西岸からアリューシャン列島、カムチャッカ、日本列島へと連なり南下する「環太平洋」上で起きたことがわかる。日本列島は、まさにその中心にあり、巨大地震の「巣」になっている。東日本大震災は「千年に一度」といわれたが、それはけっして、今後千年にわたって、日本列島が安泰ということではない。

日本では一九四六年一二月二一日に、紀伊半島沖を震源とする「昭和南海地震」が起き、死者・行方不明者一三〇〇人以上という大きな被害をもたらした。だが当時は敗戦直後の混乱期で、報道は連合国軍総司令部（GHQ）の統制下にあり、今のように全国に大きく報道されることはなかった。

日本で大都市を襲う大地震が起きたのは、戦後五〇年がたった一九九五年の阪神大震災がはじめてだった。しかし、これは石橋克彦氏が『大地動乱の時代』（岩波新書）で警告したように、たまたま大地の「静穏期」に、全国の都市建設が進められたからにほかならない。日本では、土木や建設の耐震基準は、阪神大震災までは一九二三年の「関東大震災並み」の地震に耐えられることを目標とし、それ以降は、「阪神大震災並み」に耐えられるように修正してきた。

しかし、今回の東日本大震災のように、近年知られていなかった巨大地震や津波が、戦後に形成され、まだテストされていない都市の土木・建設の構築物を襲うことは、十分に考えられる。

多くの地震学者が、M8級の海溝型地震として懸念しているのは、静岡県駿河湾付近の「東海地震」、遠州灘から紀伊半島沖の「東南海地震」、さらにその西にあたる四国沖にかけての一帯を震源域とする「南海地震」である。その発生周期は九〇年から一五〇年程度とされ、過去の発生データから、今後三〇年以内に発生する確率は、それぞれ順に、八八%、七〇%、六〇%程度と見積もられてきた。

しかし、今回の東日本大震災のように、複数の震源域が連動する可能性も出てきた。東海、東南海、南海地震の三つが連動した例としては、一七〇七年の宝永地震(M8・6)が知られている。だが多くの古文書が残る近世の地震のみを調査の対象にするのでは、限界がある。西南地方では、地震の発生間隔が比較的短く、近世の文書も多く残っているが、七世紀以前の記録はない。東日本や北海道では、さらに間隔が長いうえに、古文書も少ない。

産業技術総合研究所の活断層・地震研究センターは、二〇〇四年から東北地方の地層から津波堆積物を調べ、八六九年の貞観地震では最大で海岸から三キロも津波で浸水していたことを突き止めていた。研究は進んでいたが、今回の東日本大震災の防災には役立てられなかった。しかも、実際に起きたのは、M８・３の貞観地震よりもさらに大きな規模の巨大地震だった。「想定」はいつも「想定外」の現実に裏切られる可能性がある。「想定」を最大限の規模と考えることは危うく、その「想定」への備えを「絶対安心」と思い込むことは、さらに危険なことなのだ。

被害想定の見直し

東日本大震災後に中央防災会議に置かれた「東北地方太平洋沖地震を教訓とした地震・津波対策に関する専門調査会」(河田惠昭座長)は二〇一一年九月二八日、これまでの地震津波の被害想定や対策を、根本から見直す最終報告を出した。

報告書ではまず、今回の東日本大震災が、過去数百年間の資料では確認のできない日本海溝の複数の震源域が連動したものだったことを指摘し、「過去数百年間に経験してきた地震・津波を前提に、日本海溝の地震・津波を想定した従前の想定手法」には限界があったことを認めた。

従前の想定手法では、「過去に繰り返し発生し、近い将来同様の地震が発生する可能性が高く、切迫性が高い地震・津波」を対象にした。具体的には、過去数百年間の最大級の地震のうち、切迫性の高い地震について、これまで記録されている震度と津波高などを再現できる震源モデルを考え、これを「次に起きる最大級の地震」として想定した。

その場合、過去に発生していても、震度や津波高などを再現できない地震は発生の確度が低いとみなし、想定の対象外にしてきた。今回でいえば、貞観地震がそれにあたる。

報告書は、こうして震源モデルを再現できない地震についても検討し、「確からしさが低くても、地震・津波被害が圧倒的に大きかったと考えられる歴史地震については、十分考慮する必要がある」と結論づけた。そして、「自然現象は大きな不確実性を伴うものであり、想定には一定の限界があることを十分周知することが必要」と述べ、「地震は予測できる」という従来の姿勢を戒めた。

ではどうするのか。報告書は、従来の手法に加え、古文書や津波堆積物などを広く調査し、「あらゆる可能性を考慮した最大クラスの巨大な地震・津波を検討していくべきである」と述べた。

さらに、防災対策を検討するにあたって、施設整備が現実的に困難でも、ためらうことなく地震・津波を想定すべきだとした。

この指摘の背景には、これまで国や自治体は、予算規模でまかなえる範囲で被害を「想定」し、その切り下げた「想定被害」に合わせて防災の整備をしてきた歴史がある。つまり、実際には施設を整備できなくても、最大級の災害を想定し、対応を考えるべきだという姿勢だ。これは、今までの「予測」システムを抜本的に変えることを意味している。

なお、政府の地震調査研究推進本部は一一月二四日、三陸沖から房総沖にかけて、今後Ｍ９の大地震が三〇年内に起きる確率を三〇％と予測するなど、従来手法による確率見直しを進めている。内閣府有識者会議でも、一二月には東海・東南海・南海の巨大地震について、従来想定していた震源域を大幅に拡大する方針を決めたと伝えられた。しかし、従来の予測手法や発表のやりかたを本格的に見直すのは、二〇一二年に持ち越され、概要が固まるのは夏以降とみられている。

津波対策の見直し

報告書は、津波対策についても大きな転換を示した。

報告書は、津波対策を立てるにあたって、二種類の津波に分けて考える必要がある、という。第一は、今回の東日本大震災のように、発生の頻度は低いが、起きてしまうと被害が最大級になるような巨大津波だ。第二は、それよりも頻度が高く、最大級に比べると津波の高さはもっと低いが、やはり被害をもたらす津波である。

これまでは、第二の場合に備えて防潮堤や防波堤を築いて住民を守る、というのが津波対策の基本だった。しかし今回の東日本大震災で明らかになったように、どれほど大きな構造物で津波から住民を守ろうとしても、そこには限界がある。

そこで報告書は、住民の生命を守ることを最優先として、どんな災害が起きても行政、病院など、最低限に必要十分な機能を維持することが必要である、と述べた。このため、住民避難を軸に、土地利用、避難・防災施設などを組み合わせ、あらゆる手段を尽くした総合的な津波対策の確立を訴える。

これを一言でいえば、従来の「被害抑止」の考えから、「被害軽減」へと軸足を移す転換だろう。最大級の津波に対して、日ごろから万里の長城のような構造物を造って住民を守ろうとするのは、もはや現実的ではない。第二の津波に対しては、引き続き防潮堤などを整備するが、第一の津波については、いざ起きる場合に備え、その被害をいかに軽減するかを考えたほうがいい、というのである。

改善点

報告書があげた主な改善点を、箇条書きにしてみると、次のようになる。

・地震・津波観測網の充実
海底地震計、ケーブル式沖合水圧計、GPS波浪計など、海域での観測を充実させる。また、消防団員らが海岸へ直接津波を見に行って犠牲になった今回の反省を踏まえ、沿岸域で津波襲来を把握する監視システムを強化する。

・津波警報
今回の地震では、発表した第一波の津波の観測結果が住民らの避難行動の遅れ、または中断に繋がった事例があったと考えられる。今後、津波情報の発表の仕方について十分留意するとともに、津波は第二波、第三波などの後続波の方が大きくなる可能性があることを周知する。

・情報伝達
防災行政無線、J-ALERT、テレビ、ラジオ、携帯電話、ワンセグなど、あらゆる手段を活用し、津波警報が行政や住民等に確実に伝わるようにする。緊急速報メールによる一斉同報機能を活用して携帯電話で伝えるなど、早急に津波警報の伝達手段の多重化、多様化を図る。

・避難
津波が到達するまで時間が短い地域では、五分程度で避難できるように、避難場所や津波避難ビル、避難路や避難階段を整備する。

津波避難ビルは、命を確実に守る上で重要な役割を果たす。最大級の津波に対して必要な強度で、必要な数が確保されるよう、津波避難ビルの指定要件や構造・立地基準を見直し、その整備を促進する。

・津波に強い町づくり

徒歩による避難を原則として、できるだけ短時間で、津波到達までの時間が短い地域では五分程度で避難できるような町づくりを目指す。

最大級の津波による浸水リスクを住民に周知した上で、できるだけ浸水リスクの低い地域を居住地域にする。

最大級の津波が発生した場合でも、行政・社会機能を維持するために、行政施設、避難場所、高齢者らに関わる福祉施設や病院などは、浸水リスクがないか、少ない場所に建設する。

・徒歩避難

津波においては、今後も徒歩による避難を原則として維持する。一方で、今回の震災では、自動車避難で生存した人も多くいたことを考えると、徒歩避難を原則としつつも、各地域で、津波が到達するまでの時間、避難場所までの距離や、要援護者、避難路の状況などを踏まえて、やむを得ず自動車を使わざるをえない場合に、安全かつ確実に避難できる方法を、十分に検討する。

・津波てんでんこ
日頃から津波襲来時における避難方法などを家族や地域と確認しておき、いざ津波が襲来してきたときは、どのような状況にあっても一目散に高台などに避難する、いわゆる「津波てんでんこ」の意識を徹底する。

・防災教育
最大級の津波の発生頻度は低いが、ひとたび発生すれば甚大な被害が発生するおそれがある。何世代後になっても、今回の津波の教訓を確実に後世に伝えることが重要である。早い時期から学校教育の中で、住んでいる地域の特徴や、地震・津波の危険性、過去の津波被害の状況、過去の津波から学んだ教訓などについて、継続的かつ充実した防災教育を全国的に行う。

「軽減」に向けて

以上が最終報告書の主な改善点だ。「五分以内に避難できる町づくり」というのは、現状ではかなり難しい目標かもしれない。「徒歩で避難」という原則も、お年寄りや体の不自由な人にとっては、やはり困難だ。

しかし、この最終報告書が、「被害の抑止」から、「被害の軽減」へと大きくカジを切ったことについては、率直に評価したいと思う。「地震・津波は予測できる」という前提のもとに、巨大な構造物を建てて「津波は防げる」と安心していても、現実にははるかに想定を上回る災害が襲ってくる。それが、今回の震災の教訓であるからだ。

震災後、少しずつだが、教訓をいかす取り組みが表れはじめた。たとえば気象庁は二〇一一年九月七日、これまでの津波警報のやりかたを変更する最終案をまとめた。

M8を超える地震の可能性がある場合には、地震が起きた海域で、あらかじめ想定されている最大規模の地震が発生したと仮定して、津波警報を出す。

第一報では、以前のように津波の高さは具体的なメートルの数値では示さないという。第一報は、発生三分後をめどに、たとえば「巨大な津波」などの表現で避難を促し、その後に分析を進めて一五分後をめどに、数値を使った警報に更新していく。

今の気象庁の津波予測は、M8超の地震が起きると精度が落ちる。巨大地震をとらえるには長周期の揺れを測る「広帯域地震計」を使うが、結果が出るまでに一五分間かかる。東日本大震災では、発生当初に出した津波の高さの予測値が過小になり、住民の避難の遅れにつながったと指摘されていた。その教訓を踏まえた改善である。

防潮堤については岩手県が一〇月二〇日、県内一四地区の復興の目安を示した。六地区では震災前と同じだが、宮古市田老地区では四・七メートル高くして一四・七メートルにするなど、八地区では、かさ上げする方針だ。今後十数年〜百十数年を見越した備えだというが、これまでみたように、構築物だけで津波を守ることはできない。他のさまざまな軽減策、ソフト対策との組み合わせが必要だろう。

途方もなく大きな被害をだした東日本大震災。しかし、私たちはできるだけ早く、その問題点を洗いだし、地道にその一つ一つを改めていくしかないだろう。

第3章　自治体崩壊

1　被災した自治体

自転車を借りて

私は二〇一一年三月末に長年勤めた新聞社を辞め、故郷の札幌で暮らすことにしていた。その準備も済み、帰郷のてはずも終えたところに、東日本大震災が起きた。

かつての阪神大震災では、一年余りにわたって現地取材し、雑誌「アエラ」にルポを長期掲載したことがある。今回、上空から被災地をみてその規模と深刻さに言葉を失い、その翌日から一週間、車で被災地を見て回った。いったん郷里に戻ってからも、そのときに見た被災者の方々の姿や言葉が、片時も頭から去らず、夢にまであらわれた。思い切って、フリーの立場になって、被災地の取材を続けることにした。

フリーの立場での行動は限られる。これまでのように、迅速に動き回って速報することなど思いもよらない。しかし時間だけは、たっぷりある。これまでのスピードでは見えなかった

浸水した車がうずたかく積まれた宮古市(2011年4月)

人々の遅々として進まない日々の思いに目をこらして、もし許されるなら、人々と一緒に泣き、一緒に笑うことができるかもしれない。そう覚悟を決めて、四月二五日、青森から盛岡に南下した。

二六日、盛岡駅前発のバスに乗り、国道一〇六号、通称閉伊《へい》街道を東に向かった。

寒かった北国にもようやく遅い春が訪れた。簗川の清流に沿った土手には、黒土をむっくり持ち上げて、無数の黄緑のフキノトウが顔をのぞかせていた。遠くに望む早池峰山は、まだ白い雪に覆われ、北上山地を横切る区界《くざかい》峠には、路傍に斑《まだら》模様の雪が残っている。

だが峠を下って宮古に近づくころになると、新芽が萌えて木々がうっすらと淡い緑色に染まり、あちこちで桜が咲きはじめているのが見えた。こぼれ落ちるような連翹《れんぎょう》の黄色、紅白の梅の花。閉伊川沿いの眺めは、これまでモノトーンだった被災地に、ようやく明るい彩りが混じってきたかのような錯覚を与えた。

宮古駅前に着き、はたと困った。一カ月前に取材で訪れたときに、おおよその地理はつかんだが、徒歩で動くには広すぎる。タクシーでは待ってもらうことができないし、一度放すと、もうつかまらない。バスも、運転は間遠だろう。もしやと思い、駅前の観光案内所でレンタ・サイクルがあるかどうかを尋ねると、お嬢さんがどこかに電話をかけて、「駅前派出所なら、いま、一台あります」と教えてくれた。派出所がレンタ・サイクル？

半信半疑で五分ほど歩くと、おまわりさんが、「あ、さっき問い合わせた人ね。この書類に住所と連絡先を書いて」と、てきぱき手続きを進めてくださった。車体を黄色いペンキで塗られた自転車は、さすがあちこちが軋んでいるが、移動手段としては申し分ない。お礼をいって、さっそく市役所に向かった。

被災した宮古市役所

閉伊川沿いにある宮古市役所は、三月一一日の大津波で二階床まで浸水し、全館が停電になった。非常用発電機は一階にあったため浸水で使えなくなり、三〇〇人近い職員と役所にいた市民が、朝に水が引くまで一晩、暗闇の中で閉じこもるしかなかった。

「地震が起きた時には、まだ防災行政無線がいきていたため、津波から避難するよう市民に呼びかけることはできた。しかし、津波浸水で、それ以降、情報が途絶えた」

当時庁舎にいた市企画課の広報担当、藤田浩司さん(五〇歳)はそう振り返る。

藤田さんは四階ベランダから閉伊川を見ていたが、川の水はいったん引いて、半分ほど川底が見え、やがてどっと、水が押し寄せてきたという。電話はもちろん、携帯も使えなくなり、一三日の朝にいったん帰宅するまで、両親や奥さん、娘さんの安否はつかめなかった。

とりわけ心配だったのは、高校生の娘さんだった。地震の三〇分前に、車で磯鶏《そけい》の海沿いを走ったときに、ヨットの白帆が三つ、風を孕んで海を滑っているのを見た。ヨット部に所属する娘さんが、今日も練習しているのか、と思ったばかりの時に、津波が来た。

幸い、娘さんは無事だった。津波を知ったヨット部の先生がすぐに部員に帰るように呼びかけ、待避して難を逃れた。藤田さんに限らず、被災地のほとんどの公務員は、自らも被災するか、家族や親族の安否を確かめる暇もないまま、救助や救援活動にあたらねばならなかった。

市役所庁舎は、私が訪ねたときもまだ、一階が使えず、周囲の住宅は大きく傾いたままだった。

三月一日現在で人口六万一二四人、二万四三三二世帯だった宮古市の被害は、四月二五日現在で、死者四〇六人、負傷者三三人、行方不明五三四人、全半壊家屋四六七五棟だった。

当初は一〇〇〇人近くが行方不明と見られた。しかしこれは、役所も被災して混乱期に住民台帳が取り出せなかったため、おおよその地域人口マイナス避難者数マイナス地域以外で確認された数、という概算で割り出したからだ。不明者がさらに少なくなる可能性があるという。

実際、その後の九月二二日に宮古市が発表した被害状況では、死者五二五人、負傷者三三人、行方不明一二一人、全半壊家屋四六七五棟になった。死者・行方不明の総数は、九四〇人から六四六人に減ったものの、被害の大きさそのものには、なんら変わりはない。

取材当時の避難所在住は、市内二一カ所で、一九四六人だという。

被災した宮古市役所（2011年4月）

藤田さんの話では、それまで市営住宅や雇用促進住宅に七〇世帯が入居し、仮設住宅の建設も九四八戸に着手した。四月二七日に最初の仮設が完成するのをはじめ、五月中旬から、順次、完工していく。入居は抽選だが、比較的地域に近いところに建てられるため、阪神大震災のときのように、避難所から仮設、仮設から恒久住宅へという二度の節目で、せっかくできたコミュニティが再度にわたって壊される恐れは、今のところまだ少ない。

しかし、津波は一般の震災とは違い、着のみ着のままで逃げた方が、住居ごと一切合財を喪うという過酷な運命にさらされている。

文字通り、一切がないのだ。

市では、仮設に入居する方々に、

・電化製品　テレビ、冷蔵庫、電子レンジ、洗濯機、炊飯器など
・衛生用品　シャンプー、せっけん、歯磨き粉など
・台所用品　やかん、両手鍋、フライパン、包丁など
・掃除洗濯用品　ほうき、ちりとり、洗剤など
・救急用品　ばんそうこう、爪切り、体温計など
・その他　時計、座卓、文房具など

を世帯別に無料支給する。ほかに、寝具、食器、衣料品なども人数分支給するという。

しかし、光熱水費は支払わねばならない。

取材当時に配られた義捐金は、亡くなった方のご遺族に五〇万円、お住まいの全壊した方に五〇万円、半壊した方に二五万円だ。

ようやくスタート地点に立てる最小限の品々と、額でしかない。この先、どうやったら、収入を確保できるのか。

自宅とともに、職場も流された人々が多い。主に港を中心に、海産加工や関連の産業で成り立ってきた町である。がれきの撤去や清掃などで、被災した方々の仕事を確保するという案も出ているが、それは一時のことにすぎない。どうやって町を再興し、仕事先を確保するのか。

それが、もっとも大きな問題となって立ちふさがっている。

宮古署も浸水

市役所を訪ねた後、自転車で宮古署に向かった。市役所の藤田浩司さんから、「宮古署も被災し、大変だった」と聞いたからだ。

宮古大橋を渡り、五分ほど行くと、辺りの景色が一変した。磯鶏地区だ。

左手の高い堤防に沿って、道路はきれいに清掃されているものの、左右の道路わきに立ち並ぶ民家や商店の壁には、赤いペンキで「解体ＯＫ」の文字が記されている。大津波でさらわれなかったものの、浸水でもう使えなくなった建物が多い。左手の堤防の上に立つと、破壊されたままの大きな工場や、押し流された車、ヨットなどが、まだそのままだ。

満開の桜が咲いていたので、近寄って見ると、根元からへし折られた桜の樹だった。

大津波は自然のむごさや非情さを刻印したが、残されたいのちを精一杯に咲かせようとする桜には、自然の気高さも感じる。それは、あまりにひどい仕打ちの後に届いた、あまりにささやかな慰藉にすぎないにしても。

宮古署は堤防のすぐ脇に建ち、防潮提をあっさり乗り越えた津波が、一階に浸水した。署の駐車場には、神奈川、北海道、静岡などの都道府県警のパトカーや応援車両が並び、警察庁の手厚い支援態勢がうかがえる。宮古署一階にあった交通課は、敷地のプレハブで仕事を続けている。

取材の事前予約はしていなかったが、通りかかった小野寺勝善副署長(五二歳)が、親切に対応してくださった。

三月一一当日は、周辺が浸水し、直後に庁舎も停電・断水状態になった。幸い自家発電装置は水をかぶらず、仕事を続けることができた。四階の会議室に指揮所を設け、住民の避難誘導にあたった。固定、携帯電話が不通になり、頼りは警察無線だけだった。県警本部とも無線でのやりとりでしのぐことになった。一一〇番は、盛岡の県警本部が集中統御しており、そこから、宮古署に無線で連絡する、という方法だ。

一方、一一九番は不通になった。宮古署では、連絡要員として署員を市役所、消防署に送り、無線リレーで救急要請、消火要請に対応することにした。一一〇番通報や、管内で巡回するパトカーから要請があれば、本部から市役所、消防に無線で通報する、という方法だったという。

約一〇〇人の署員のうち、一人が殉死、一人が行方不明。官舎が被災した署員が六世帯、駐在や交番など職住を共にしている署員を合わせると、一〇人以上が住まいを失った。若い署員は、別の署員の家に同居するなどして、警察活動を続けた。もちろん、職務上、家族のもとに帰ったり、安否確認をするよりも、職務を優先せざるをえず、不眠不休が一週間以上続いたのだという。

全国組織である警察は、消防や自衛隊と並んで応援態勢がとりやすく、救助や遺体捜索、巡回、避難所警戒、交通整理などに、四月下旬時点でも数百人規模の他県警応援が続いていた。「まだ平常に戻るまでには数カ月かかるのではないか」と、小野寺副署長は見積もっていた。

「想定外といえば、金庫でした」。署の倉庫に並ぶ数十の金庫について尋ねると、そんな答えが返ってきた。津波の後、波にさらわれた金庫が次々に発見され、署に遺失物として届けられたのだという。その数、ピーク時には約七〇〇個。持ち主が確認されれば、順次返還するが、まだ確認をとれない金庫も一〇〇個単位で残っている。金庫であれば、貴重品とわかってすぐに遺失物として届けられるが、個人にとって重要な思い出の品々やアルバムなどは、どれほどの数が喪われつつあるのか。重い現実に、まさに言葉を失ってしまう。

また自転車で海岸沿いを走って中心部に戻る。道路確保優先のため、道路はがれきが片付けられたが、工場や個人の建物は手付かずで、これから解体を待つケースが多い。「復旧・復興」どころか、まだスタート地点にすら立っていないのが現状だと思う。愛宕小学校にある避難所に向かって長い坂をあがった。北海道自治労の応援を受けて管理にあたる宮古市教育委員会事務局総務課の主査、舘崎正さん(四七歳)に話を聞いた。

舘崎さんは、内陸部の茂市の教育委員会で震災に遭い、すぐにその日から炊き出しをして、被災の激しい地区への支援態勢に入った。津波にさらわれなかった公用車を閉伊街道沿いの後背地にある新里、川井などに集め、被災しなかった水道事業所を食糧配給基地にして、避難所に配った。自治体公務員の例に漏れず、館崎さんも沿岸部に勤める奥さんと連絡がとれず、不眠不休で働いてきた。奥さんは徒歩で帰宅し、二日たってようやく安全が確認できたという。

愛宕小に避難している方々は、かなり減って当時一〇九人。地域の住民が多い。他の避難所に駐屯する自衛隊が朝晩に炊き出しをして、温かな食事が届けられる。避難所にいない近所の方々も含め、配食数は一七〇。昼は、生協から弁当が届けられる。支援物資は、当初は市職員が届けていたが、今は「避難所連絡票」に書き込んで宅配便業者に渡すと、業者が市の本部に行って物資を受け取り、翌日に配送するシステムが作られている。愛宕小の場合も、個別に届けられた救援物資を含め、ラーメンやカップ麺、缶詰などの食品は山積みで、ほぼ足りている状態まで落ち着いた。

札幌医大のチームが毎日往診し、横須賀の保健師チームが巡回で健康指導をしている。琉球大病院からのボランティア医師が「心のケア」をし、宮古第一病院からのボランティアがリハビリ指導をするなど、医療態勢もほぼ整った。

「この避難所は、コミュニティがしっかりしており、四つの班の班長が、必要があれば代表者会議を開いて問題に対処しています。当初は私たち市の職員も一泊二日の勤務でしたが、今は落ち着いてきたので、一日交代で、他の仕事もするようになりました。自治労や札幌市などからも応援が来て、今は日中は三人、泊まりは二人態勢をとっています」

愛宕小も、この日が入学式。校庭には、子どもの日にあわせ、鯉のぼりが泳いでいた。舘崎さんはいう。

「ようやく、モノは足りてきた。今は、現金収入をどうするか、仮設住宅にいつ入れるのかが気になっておられる時期です。激しい被害にあった田老のようなところで、元の場所に住みたいと思われるのかどうか。今後のことが心配という人が増えています」

2　行政機能の喪失と広域被災

災害対策を超えた事態

東日本大震災には、それまでの大災害とは異なる大きな特徴が二つあった。

第一は、防災対策の要となる地元市町村の庁舎などが被災し、行政機能が喪失するか、または著しく低下したことだ。首長や職員自身が亡くなったり、家族を失った例も多い。

第二は、被災がきわめて広域にわたり、交通、通信、物流、ライフラインなどのネットワークが寸断されたため、救援や復旧のすべての過程で、遅れや混乱が生じたことだ。

順を追ってみていこう。

災害にかんする日本の法律で、戦後もっとも早く成立したのは、応急の救助・救援の仕組みについて定めた一九四七年の「災害救助法」だ。一九五九年九月二六日、紀伊半島から東海にかけて伊勢湾台風が大きな被害をもたらし、災害に対する一貫した取り組みの必要性が明らかになった。伊勢湾台風は、上陸時にも勢いが衰えず、全国で死者・行方不明が五〇九八人、負傷者が三万九〇〇〇人近くの犠牲者を出した。これは、一九九五年に阪神大震災が起きるまでは、戦後最悪の犠牲を記録した自然災害だった。

そこで一九六一年に成立したのが「災害対策基本法」で、これが今でも防災や復旧の仕組みとして使われている。国の防災会議が「防災基本計画」をつくり、その土台をもとに、都道府県や市町村が「地域防災計画」を作成する。そのほか、防災組織や災害予防、応急対策、災害復旧についても定め、災害時の国、都道府県、市町村の権限や役割分担を明確にした。

だが、その多くにおいて、災害時には基礎自治体である地元市町村が初動の実務をにない、都道府県がバックアップをし、国はそれを支えるという仕組みになっている。市町村は災害対策本部を設け、被害の情報収集、状況の把握にあたり、消防や警察と連携して被災者を救助・救出し、避難所に誘導して水や食糧、毛布などの物資を配る。さらに、都道府県や近隣市町村にも応援を求める。

こうした重要な役割をになう基礎自治体が被災したら、どうなるのか。それが東日本大震災で起きたことだった。

岩手県大槌町の役場が津波に襲われ、町長ら職員三三人が濁流に呑まれたことは、すでに触れた。だが、被災したのは大槌町だけではない。

直撃された自治体

ネット上で「消防防災博物館」を運営している財団法人消防科学総合センターは、震災一カ月後の四月一一日から二二日にかけ、岩手、宮城県の沿岸部にある全市町村の役場の被災状況を調べた。その結果、被害が大きかったのは次の市町だった。

- **岩手県大槌町**　庁舎は壊滅。役場は高台の中央公民館に移転。その後、四月二五日に大槌小学校グラウンドのプレハブに移転。
- **岩手県陸前高田市**　庁舎は屋上まで津波に襲われ、壊滅。交番、消防署、体育館などの公共施設も失われた。役所の本部は高台の高田町にある学校給食センターに移転。仮庁舎の付近に、消防本部・消防団本部、銀行の仮庁舎を設置。郵便局の業務は、神奈川県、滋賀県からの応援車両の中でおこなわれた。

・**岩手県釜石市**　高台にあった市役所の本体は無事だったが、地下に浸水などしたため、災害対策本部はシープラザ釜石に移転。他の役所業務は教育センターでおこなう。
・**宮城県南三陸町**　本庁舎は壊滅し、一・五キロ離れた町総合体育館敷地のプレハブに移転。本庁舎の隣にあった防災対策庁舎も、屋上まで津波に襲われた。
・**宮城県女川町**　庁舎の骨組みは残ったが、内部にがれきが押し寄せ、使用できない状態。本部は女川第二小学校二階のＰＴＡ室に移転した。
・**宮城県亘理町**　本庁舎に津波被害はなかったが、地震のため建物に亀裂が入り、外壁がはがれる。応急危険度判定で「危険」とされたことから、仮設テント、その後仮設プレハブに移転した。

これだけでも被害の大きさがよくわかるが、これがすべてではない。原発事故のために避難をした福島県の地元自治体はケースがまったく違うため、のちに別途、詳しく述べたい。だが、福島県内陸部でも、津波ではなく、地震で被害にあった自治体がある。

たとえば郡山市だ。同市では地震で死者一人、住宅の全壊三三六棟、半壊一六九〇棟の被害をだした。市役所の本庁舎も地震で使えなくなり、分庁舎や出先機関に移転せざるをえなかった。また、郡山市の南にある須賀川市でも、先に触れた藤沼湖決壊などで死者一〇人、行方不明一人という犠牲者が出たが、一般住宅でも三月一六日現在で全壊三六、半壊二九棟の地震被害があった。この揺れで市役所本庁舎と市総合福祉センターは柱や壁が壊れ、余震で倒壊するおそれがあり、使えなくなった。役所は市体育館や文化センターに分散移転した。

全体では、役場にどれだけの被害が出ていたのか。中央防災会議の専門調査会が二〇一一年九月二八日に出した報告書の「参考図表集」に、内閣府が調べたその概数がでている。東北三県と茨城、栃木、群馬、埼玉、千葉の各県には、合計で三五二の市町村があるが、うち一八九自治体が、震度六弱以上の揺れに見舞われた。その結果、本庁舎が移転したのは岩手二、宮城三、福島三、茨城三、栃木一、埼玉一の一三自治体、一部移転したのは岩手二、宮城二、福島三、茨城五、栃木二、埼玉一の一五自治体に上った。なお、この集計には、原発事故による避難自治体は含まれていない。

また、地方公務員の多くが、公務中に犠牲になった。正確な数字は不明だが、総務省は二〇一一年八月二九日に開かれた地方財政審議会第一七回地方公務員共済組合分科会に、東日本大震災で共済組合がとった対応を資料としてだしている。

これによると、東日本大震災で亡くなった組合員は、七月末現在で道府県の地方職員二一人、公立学校二七人、警察三六人、市町村一三五人の計二一九人。行方不明は警察二人、市町村一人。見舞金を支給した罹災組合員は地方職員四九六人、公立学校八九九人、警察五五九人、政令指定都市七人、市町村二六〇〇人の計四五六一人に及んだ。いかに多くの公務員が被災したかが、よくわかる。

だが、被災したのは人と建物ばかりではなかった。屋上まで津波が押し寄せた陸前高田市役所では、戸籍を含む書類も、データを保管していたサーバーも水没した。南三陸町でも住民基本台帳と戸籍データが失われた。

NTTデータ経営研究所が発行する雑誌「情報未来」の二〇一一年七月号に、武藤健氏が「大地震で問われる自治体の震災対策の必要性」という一文を寄せている。そのなかで武藤氏は、データ類の喪失について、次のように書いている。

「沿岸にある、岩手県陸前高田市、大槌町、宮城県南三陸町、女川町の四市町村においては、津波により住民基本台帳のデータが喪失した。保守管理を委託されていたベンダーがバックアップデータを保管していたため復旧は可能であったが、復旧までに一カ月弱を要し、安否確認・行方不明者数の把握もこの期間不可能となった。震災時の初動や、その後の各種支援の申し込み対応業務のことを考えると、データのバックアップはただ「ある」だけではなく、震災直後に「活用」できることが必要である」

寸断されたネットワーク

こうして直撃された自治体が行政機能を失っただけでなく、市町村に網の目のようにはりめぐらされたネットワークも、地震や津波によって寸断された。

通信はどうだったか。総務省がまとめた「二〇一一年版 情報通信白書」によると、地震や津波によって、通信ビル内の設備が倒壊、水没、流失するなどの被害がでたほか、地下ケーブルなどが損壊したり、電柱や携帯電話基地局が倒壊したりするなどして通信網が断ち切られた。

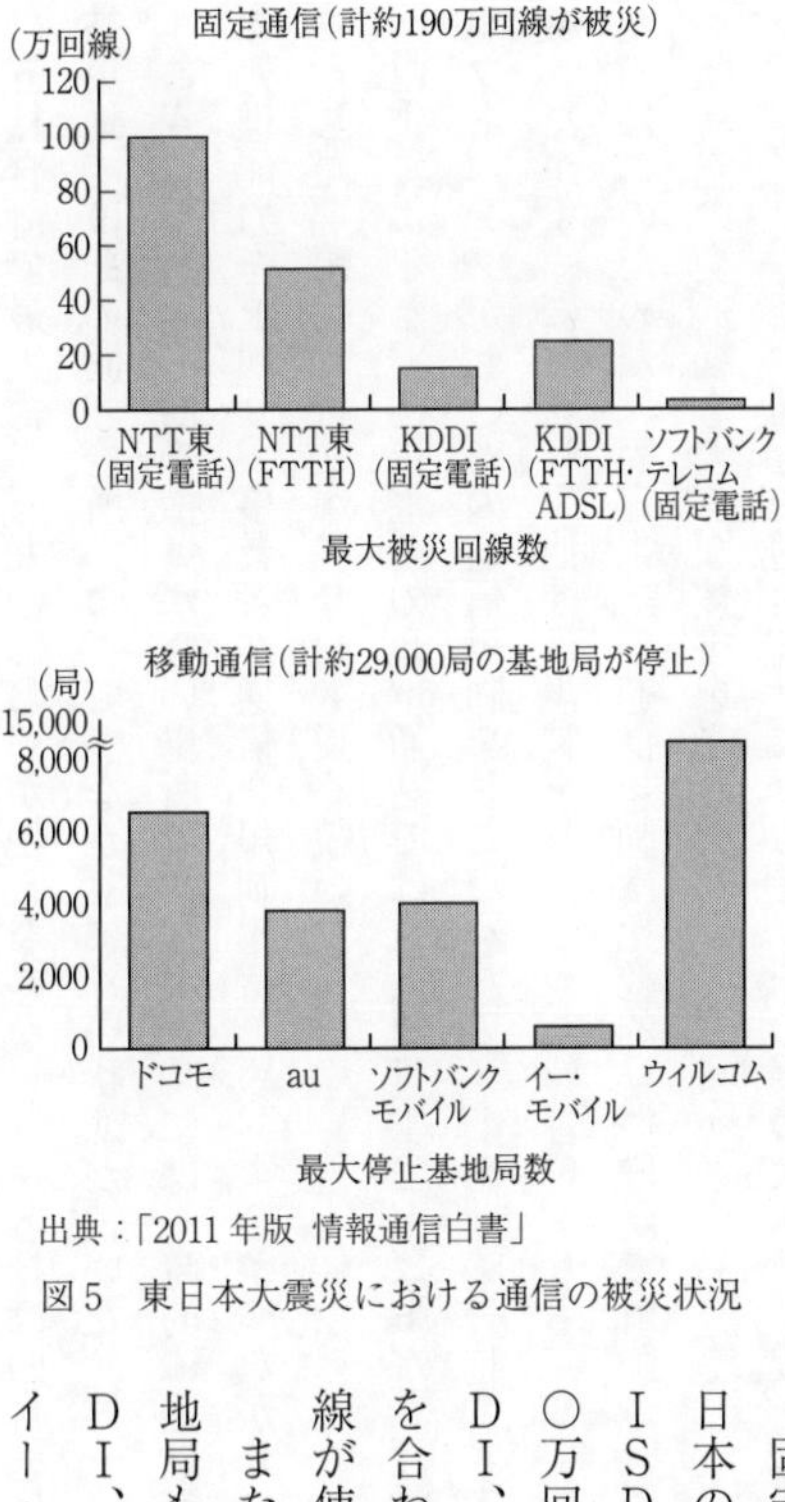

出典:「2011 年版 情報通信白書」

図5 東日本大震災における通信の被災状況

固定通信網では、NTT東日本の固定電話で加入電話とISDN合わせて最大約一〇〇万回線が不通となり、KDDI、ソフトバンクテレコムを合わせると、約一九〇万回線が使えなくなった(図5)。

また、携帯電話やPHS基地局も、NTTドコモ、KDDI、ソフトバンクモバイル、イー・モバイル、ウィルコムの五社合計で最大約二万九〇〇〇局が使えなくなった。各社は四月末にようやく復旧させたが、被災地ではその間、場所によってつながりにくい状態が続いた。

こうしたハード面の損傷がない場所でも、災害時には一時的に通信が集中してネットワークの処理能力を上回り、事業者が通信を規制するため、電話がつながりにくくなることがある。こうした「輻輳《ふくそう》」状態が、今回も長く続いた。

白書によると、携帯電話の音声通話では最大でNTTドコモが九〇%、KDDIが九五%、ソフトバンクが七〇%の通信規制をおこなった。メールは、一時NTTドコモが三〇%の規制をしたがすぐに解除し、他社は規制をしなかった。音声よりも、メールでの連絡がしやすかったのはこのためだ。固定電話の通信規制は比較的早い段階で解除された。

陸海空の交通網も大きな被害を受けた。

「二〇一一年版　国土交通白書」によると、その後の大きな余震を含む地震と津波で、道路では高速道路が一五の路線、直轄国道が六九の区間、都道府県等管理国道が一〇二の区間、県道などが五四〇の区間で通行止めになった。とりわけ被害が大きかったのは、仙台市から三陸沿岸地域を北に縦走する国道四五号など、太平洋沿岸部の国道や県道で、南北を結ぶ多くの区間で通行ができなくなった。

国土交通省は、「クシの歯作戦」と呼ぶ緊急の復旧工事を急いだ（図6）。これは地震発生から一日で、東北地方の中央を南北に縦貫する東北自動車道と国道四号線を縦軸ラインとして確保し、発生から四日で、縦軸から太平洋沿岸を結ぶ横軸を次々に復旧させる。これがクシの歯のようにみえることから、作戦名がついた。こうして、救助や救難の物流を回復させ、発生から七日後には、太平洋沿岸を結ぶ国道四五号を復旧させた。

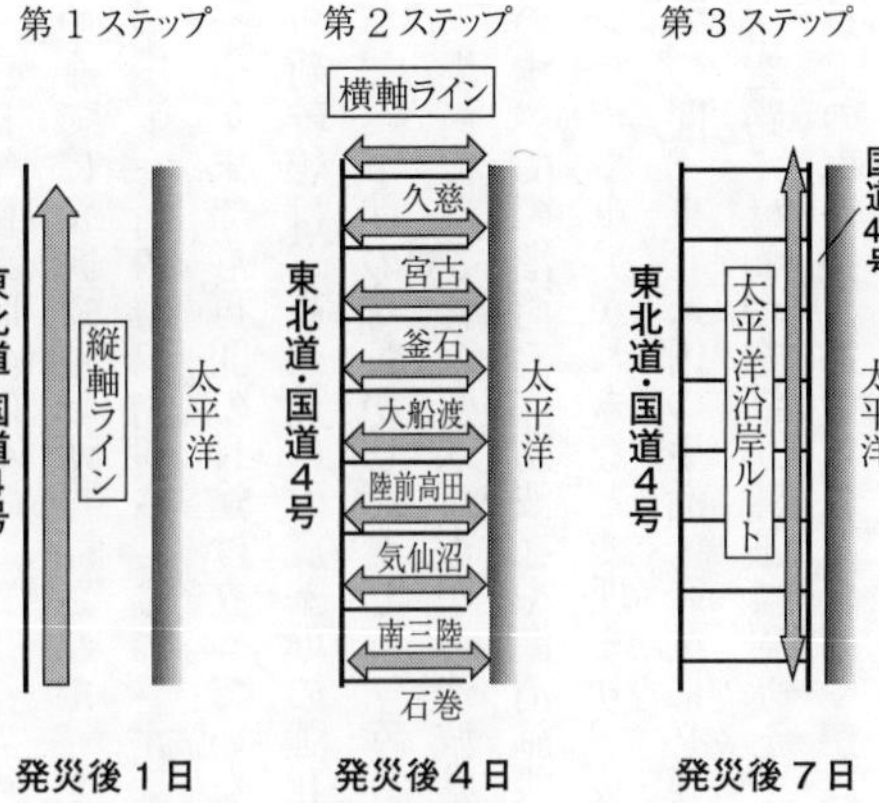

出典：「2011 年版　国土交通白書」

図6　救援ルート確保のための「クシの歯」作戦

私はちょうどその時期に東北一帯を走ったが、沿岸をどうにか通行できたものの、各地で遠回りを強いられ、しかも地方道はがれきに埋もれたままだった。また、幹線道は復旧しても、のちに触れるように、緊急車両以外にはガソリンの入手が困難で、多くの被災者は、車が流されていない場合でも、運転することはできなかった。

鉄道も影響を受けた。「白書」によると、震災で東北、秋田、山形新幹線が不通になり、太平洋沿岸では駅や線路が流出するなどして三月一三日午後五時の時点で二二事業者の六四路線で運休になった。東北新幹線や東北線は、四月中までに全線で運転が再開された。だが沿岸部では復旧が大幅に遅れ、ＪＲ東日本の気仙沼線（柳津—気仙沼間）や山田線など、三陸鉄道の南リアス線や北リアス線（陸中野田—小本間）は二〇一一年末でも再開の目途は立っていない。

新幹線は、高架橋の耐震基準の強化や耐震補強、列車を緊急停車させるシステムを導入するなど、事前の対策が功を奏して、幸いに人的被害や深刻な被害はなかった。

港湾では、青森県八戸市から茨城県まで、一一の国際拠点港湾と重要港湾を含む、太平洋側のすべての港湾で、防波堤や港湾施設に大きな被害がでた。沿岸の水域は、津波で流されたコンテナや車、がれきなどで埋まり、被災地のすべての港湾で一時機能が停止した。応急復旧までの間、東北一円の生活・産業に必要な物資が入ってこない状態が続いた。

空路では仙台空港が津波で冠水し、大きな被害を受けた。滑走路や誘導路などに二〇〇〇台以上の車が押し寄せられ、土砂やがれきに埋もれた。管制塔やターミナルの機械や発電設備なども冠水した。旅客や住民、職員ら約一四〇〇人が孤立し、救出までに約二日かかった。また、市内と空港を結ぶ仙台空港アクセス鉄道も不通になった。仙台空港は四月一三日にようやく発着を再開した。

ガソリン不足

こうして交通の大動脈から毛細血管までが切断されたうえに、追い討ちをかけたのがガソリン不足だった。

まず、製油所が被災し、国内の原油処理能力が一日あたり一〇〇万バレル以上も少なくなった。石油連盟が三月一七日に発表した資料によると、地震で稼動をとめたのは、国内二七の製油所のうち、JX日鉱日石エネルギー(仙台)、鹿島石油(神栖)、コスモ石油(市原)の三カ所。「稼動準備中」も、極東石油工業(市原)、東燃ゼネラル石油(川崎)、JX日鉱日石エネルギー(横浜・根岸)の三カ所だった。このうち「準備中」の三カ所は間もなく再開したが、前者の三製油所は操業が長くとまった。

国内の原油処理能力は、一日あたり一〇〇万バレルほど過剰だったので、計算上は、他の製油所の供給を振り向ければ、不足分はまかなえるはずだった。

だが東北地方ではガソリン不足が深刻化し、スタンドの前には夜中から長蛇の車列ができた。首都圏でも品薄になり、ガソリンの「買いだめ」が目立つようになった。

問題は、流通網にあった。

「二〇一一年版 防災白書」によると、東北地方で最大のガソリン輸送施設、宮城県塩釜市の油槽所が被災した。こうした影響や被災などのため、東北地方の主要元売系列ガソリンスタンド一一三七カ所が営業停止となり，ガソリン不足が生じた。

さらに、貯蔵所からスタンドにガソリンを運ぶタンクローリーも被災し、輸送量が少なくなった。経済産業省は三月一四日には、民間備蓄義務を三日分引き下げ、供給量を増やす方針を打ち出した（二一日には追加的に二三日分を引き下げ）。また三月一七日には、東北で稼働中のタンクローリー四〇〇台に加え、西日本から新たに三〇〇台を投入して、海路で日本海側の輸送所に運んだガソリンを太平洋側に送ると発表した。

こうしたことから、ガソリン不足は少しずつ解消したが、救助・救援や避難、安否確認や支援などで、地域の人々の「足」が奪われたことは初動の遅れにつながり、大きな痛恨事だった。

3　自治体を支える

四川大地震のあと

東日本大震災のように、災害救助や救援の要となる自治体の機能が崩壊し、広域にわたってネットワークが寸断される事態を、いまの災害対策基本法や災害救助法は、予定していなかった。では、こうした大規模災害にたいして、有効な方法はあるのだろうか。

これだけの規模の震災の例としては、最近では、二〇〇八年五月一二日に中国・四川省で起きたM７・９の「四川大地震」があげられる。この地震では、四川省の北東から南西方向に延びる龍門山断層帯が、長さ二五〇～三〇〇キロ、幅三〇～五〇キロにわたって動いた。断層は南北二カ所にわかれ、最初に震源から約一〇〇キロの南側の断層が動き、その後約二〇〇キロの北側の断層が連動して動き、大地震になったと見られている。

この地震による被害は、同年六月一〇日現在の中国政府発表で、死者が六万九一四六人、行方不明が一万七五一六人、合わせて八万六〇〇〇余人にのぼった。

私は地震後の七月と九月、二度にわたって現地を取材し、その救助や救援の様子を各地で取材してまわった。

四川大震災で崩れた山の下敷きになった北川県の市街地（2008年9月）

取材したのは、主に四つの地域だ。地震後に現地を視察した温家宝首相は、厄災を将来にわたって記憶するため、被害の大きな地域に「地震遺址博物館」を造るよう指示した。

その候補として名乗りをあげたのが四地域である。再建をあきらめ、封鎖して保存するほかないほど被害が大きかった地域だ。

第一は、震源地に近い映秀鎮。周囲の山々は土砂くずれで山肌に白い爪あとが無数に残っていた。壊滅して大半ががれきに埋もれた町は封鎖され、人民解放軍が駐屯して復旧作業にあたっていた。町の小学校はほぼ全壊し、中学校も大半が倒壊するなど、復興はもちろん、復旧すら難しい状態だ。人口三万人の町で数千人が亡くなった。死者を葬った丘から市街を見下ろすと、全壊した小学校の跡地に弔旗のような赤旗が小さく翻っていた。

第二は成都市郊外の虹口深渓溝。深い山並みの切れ目にできた渓谷に沿って、川魚を供する茶店や旅館五〇軒が連なる景勝地だ。一本道は崖くずれで寸断され、あちこちに小屋ほどの大きさの岩が転がっている。車で通り抜けた直後に大雨が降り、また岩が道をふさいだ、と後になって聞かされた。

第三は綿竹市の東汽漢旺。ここは東汽という大企業の城下町だが、都市のほぼすべての住宅、警察、銀行などが壊滅的な打撃を受け、数万人が町を放棄して郊外の仮設住宅に移った。工場と町の中心部が封鎖され、まったく人の気配がない。

しかし、震災の衝撃に背筋が凍ったのは、第四の北川県の市街地を見たときだった。町は軍によって閉鎖され、町民も帰宅は許されない。群衆に混じって高台に登り、町を見下ろした。他の被災地と同じく、周囲の山肌が無惨に削られ、大半の建物はゆがみ、傾いでいる。しかし市街の多くは緑の木々に覆われ、さほどの被害とはみえなかった。

だがそれは間違いだった。たまたまそこに、同じ場所から撮った被災前の写真を売り歩く人がいた。その写真と見比べると、平坦な「緑の木々」に見えたのは、急斜面の森林が岩盤の深層まで滑落し、市街地の大半を覆い尽くした跡だった。巨大な岩盤がそっくり都市に向かって崩れ落ち、多くの建物と人々をその下に覆ってしまったのだった。

ふつうは地震で崖がくずれ、がれきが建物を埋め尽くしても、重機や人手をかければ、いずれは現場を掘り起こすことができる。このときのように、山が崩れ、都市の大半がその下に埋まるなどというのは、想像を絶する光景だった。

「対口支援」

だが、そうした現場を歩くうちに、四川大地震の復旧のやりかたに、大きな特徴があることに気づいた。特定の被災地ごとに、ある省や特別市が、集中的に救援・復旧作業をしているのである。たとえば成都市の郊外にある都江堰市は、上海市が担当し、北川県には山東省が入り、綿竹市は江蘇省が受け持つ、といったぐあいだ。被害がひどかった都江堰には、いたるところに「上海市よありがとう」といった横断幕が掲げられた。復興住宅の建設を担当した職員に聞くと、上海市は復旧作業に多数の職員を送ってくれただけでなく、復旧構想のデザインを描き、都江堰の職員を上海に招いて研修を受けさせるなど、復旧から復興にかけて息の長い支援を続けているという。

これは中国では「対口支援《たいこう》」と呼ばれる方式だ。全国の地域に被災地の担当地域を割り振り、それぞれがパートナーを重点的に支援する。似たような例としては、ドイツ統一にあたって、旧西独が、旧東独の地域を割り振って、州から市町村、公立学校にいたるまで、「パートナー」を決めて支援と交流をしたことがある。

この「対口支援」の利点は、第一に支援が一部に集中して重複したり、逆に支援もれがおきたりするのを防ぐ点にある。第二は、一度パートナーを決めれば、復旧から復興まで継続的に同じ相手を支え、深い人間的な関係を築くことができる。四川大地震のように、広域で大規模な災害は、被災した四川省だけが背負うには、あまりに重い対策を必要とする。「上」から「縦」に支援をおろすのではなく、「横」から互いに支えあう支援の仕組みが、実によく力を発揮した。

国連地域開発センター（UNCRD）防災計画兵庫事務所は、CODE海外災害援助市民センターと協力して、四川大地震後四回にわたって現地に入り、調査にあたった。

その調査報告書によると、被災地は面積で約二八万平方キロメートル、被災人口は二九八三万人（二〇〇八年六月二四日国務院報告）。

対口支援について、報告書は次のように述べている。

「対口支援」とは、「一省が被害の大きい一県を助ける」という原則のもと、関係する省・市が災害地区を一対一で支援する仕組み。各地の経済発展レベルに基づき、合理的に力量を配置し、一九省(市)が四川省の一八の被害が大きい県(市)と甘粛省と陝西省の重大被災区(重災区)を支援する。対口支援の任務を引き受けた省(市)は三年という期限で対口支援を実施し、各支援省(市)は前年の地方財政収入の一％を、毎年対口支援の現物作業量にあてることとされている」

この対口支援の効果について、報告書は次のように「迅速さ」を評価している。

「仮設住宅に関しては、阪神・淡路大震災の経験も参考にして三カ月間で五〇万戸以上という速さで建設が行われた。これは単純に言えば阪神・淡路の際の一〇倍の規模である。現地の聞き取り調査からは、「対口支援」政策により割り当てを受けた沿岸部の省から資材だけでなく建設労働者も送られてきた際に、労働者はテントや車に泊まる状況だったため、仮設住宅の建設を早く完了させて帰りたいという動機が働いたことも一因であった。また、対口支援の結果が国により公表されるため、支援をしている各省の間で競争原理が働いたことも、早期の取り組みの大きな要因である。これは復興の過程においても見られる」

だが報告書は、「国が各省から財源や資材を提供してもらい再配分するよりは効率的な仕組みといえよう」としながらも、三つの課題を指摘している。

第一は、支援の内容やレベルに差がでることだ。第二は、支援を受ける地域の気候・文化や社会的背景を理解しないまま支援がおこなわれることだ。たとえば、北方の省からの支援では施設は二重窓で断熱材が入っているが、南方の省からの支援ではそのような配慮はない。今後復興の段階では、地域に支援が受け入れられる必要がある。第三は、支援省と受益市という関係から、支援省のほうが被災市以上の発言権や意思決定権を持ってしまう可能性がある点だ。報告書は、「これらは支援する側があくまでも受益市のサポートであるという点をよく理解する必要がある」と結んでいる。

日本学術会議の提唱

今回の東日本大震災で、「対口支援」の方式はとれなかったのだろうか。私自身、そう考えていたので、震災後に東京でお目にかかった当時の片山善博総務相に、この点をぶつけてみた。片山総務相の答えは、「日本は中国と違って、自治体に決定権がある。中国のように、政府が割り振ってパートナーを決めるのは無理」というものだった。職員の派遣についても、総務省と被災県が間に立って、支援自治体と被災自治体をマッチングさせるほうが現実的、という指摘だ。

たしかに中国では、共産党の一枚岩にたって中央政府が絶対的な権力を握り、各省や特別市に党の幹部を送り込んで互いの実績を競わせ、党中央に登用するという統治をしてきた。号令一下で各省が動き出すという国柄でなければ、「対口支援」は難しい、という見方には一理ある。

しかし、今回のように広域にわたる大規模災害では、これまでとは違った新たな仕組みをつくることが必要ではなかったか。

日本学術会議は三月二五日に「第一次緊急提言」をだし、そのなかで次のように提唱した。

「今回の大震災には、従来レベルの国あるいは現地行政だけの対策・体制では、短期の救済支援から災害復興まで、広汎かつ持続的な協力・提携項目に対応できない。国の総合的支援政策を推進するとともに、特に、自治体間の水平的連携の考え方に立ち、「ペアリング支援」を講じることにより、真に求められる個別具体的な行動アイテムを双方が協議して進めることが期待できる。そのために、国は早急に法的整備を進め、全国知事会、全国市長会、全国町村会とともに体制を構築する」

この「ペアリング支援」は「対口支援」のことであり、学術会議は提言の「別紙」で次のように具体的な仕組みを提唱した。

①復興に向けて、被災地ではない特定の県、もしくは市町村（支援側）が、被災地の特定の自治体と協力関係を結び、互いに顔の見える持続的支援を行っていく。
②支援側は、それぞれの被災地の実情、考え方を踏まえて、人的支援、物資支援、避難所供給、復興まちづくり支援など、様々の支援を行う。
③国は、この支援に必要となる法の整備（地域復興支援法等）を行い、財源の手当てを行う。
④自治体間の組み合わせについては、総務省、全国知事会、全国市長会、全国町村会などが、これまでの蓄積を活かし、被災地の特定の自治体の規模、被災状況、課題、これまでの支援経過などを総合的に判断し、決定する。
⑤ペアリング支援の期間は、三年間とする。被災した自治体は、支援自治体の協力を得て、早急に復興目標の策定を行い、その実現に向かってともに努力する。

学術会議は四月五日の「第三次緊急提言」でも次のように提唱した。

「避難所に避難している被災者がまとまって、仮設住宅の設置に至る短期間、あるいは復興のめどがつくまでの中期的期間、市町村ごとに他県などに移動する方策として、ペアリング支援方式が学術会議によって提案されている。すでに自治体間の連携は、広がっており、国は、自治体間連携を強化し、支援するべく法的、財政的な措置をとるべきである」

関西広域連合

残念ながら、こうした日本学術会議の提案は、政策には取り入れられなかった。ただ、東日本大震災では、部分的ではあったが、「ペアリング支援」がおこなわれていた。「関西広域連合」が打ち出した「カウンターパート方式」である。

関西広域連合は、震災から二日後の三月一三日に「緊急声明」をだし、「京都府と滋賀県は福島県、大阪府と和歌山県は岩手県、兵庫県と徳島県と鳥取県は宮城県を中心に支援する。併せて、福井県、三重県、奈良県、政令市などにも協力を求めていく」という方針を打ちだした。ミニ版の「ペアリング支援」である。

関西広域連合は、二〇一〇年一二月一日に設立されたばかりだった。国の出先機関の受け皿として、国からの事務、権限の委譲を早急に実現する目的で、二府五県が立ち上げた全国初の広域連合である。迅速な対応ができた背景には、当時の連合長が、阪神大震災での被災県、兵庫の井戸敏三知事であったことも影響したかもしれない。

関西広域連合は、四月四日の「緊急提言」で「日本版対口支援」の仕組みづくりを次のように提唱した。

「今般、関西広域連合では、構成団体に主な支援先を割り当て、現地に連絡員や避難所支援のための職員を派遣し、人的、物資などの支援を行っている。被災地では、総合行政を行う自治体がニーズ把握を行うことで、より効率的な支援が可能となることから、被災しなかった自治体に、支援先の自治体を割り当て、責任を持って「一対一」で支援するといった、「日本版対口支援」の仕組みづくりを提案する」

実際に、関西広域連合のきめ細かな支援は継続的におこなわれ、私も各地でその様子を見聞きした。たとえば兵庫県の場合、他県と協力して宮城県庁に連合の本部を置いたほか、気仙沼、南三陸、石巻の三市に現地の支援本部を置き、聞き取りなどで現地のニーズを掘り起こし、それにあわせた支援をしてきた。一〇月五日までだけでも、支援隊の派遣は三〇次におよんだ。九月二六日に関西広域連合がまとめた二府五県による職員派遣実績は、車両が延べ一〇九台／日、職員が四万七二六六人／日だった。

こうした長期にわたるペアリング支援は、短期に特定の被災地に援助が集中しがちなやりかたとは違って、広域災害には強みを発揮する。相互理解が深まって、日々移り変わるニーズをつかむことができる点や、支援県が災害の問題点や対応を学ぶ点においても、意味は大きい。もし首都圏を襲う大規模災害が起きたら、従来の「中央決定方式」は打撃をこうむり、今回のように被災しない地域が自主的に救助・救援に駆けつけるしかないだろう。

災害援助協定

今回の東日本大震災では、災害時援助相互協定が大きな力を発揮した。

たとえば福島県南相馬市は、のちにみるように、津波と原発事故の「複合被災」をしたが、以前から協定を結んでいた東京都杉並区が応援に駆けつけた。杉並区は、やはり区と協定を結ぶ群馬県東吾妻町、新潟県小千谷市、北海道名寄市に呼びかけ、「自治体スクラム支援会議」を立ち上げ、四自治体が連携して南相馬市を支援することを決めた。

四月八日には、四自治体の首長が菅直人首相を訪ね、次のような言葉で始まる要望書をだした。

「今回の震災は、東北地方を中心に非常に広範囲にわたり大きな被害が出ている点、地震とこれに伴う大津波及び原発事故による複合的・広域的な被害が出ている点、また、これによって復興まで長期化することが予想される点などにおいて、従来型の「国―都道府県―市区町村」という垂直的な災害支援策では充分対処しきれない震災であると考えております」

そのため、自治体が水平に連携して被災自治体を支えることが必要だとして、①「自治体スクラム支援」を新しい仕組みとして位置づけ、財政措置を含めた国の支援対象とすること、②今回の災害のみならず、今後、起こりうる災害等に備え、こうした基礎自治体を中心とした水平的な支援の取組みに対し、法的根拠を与えること、などの措置を求めた。

通信がとだえ、「情報空白」が生じた今回の東日本大震災では、日ごろからの「おつきあい」や協定をもとに、いち早く自治体同士が助け合う例がいくつもみられた。

震災後の三月一八日には、和歌山県串本町から、町民が持ち寄った米二〇トンが、岩手県宮古市に向けて発送された。串本と宮古は二〇〇四年に、青森県大間町、山口県下関市とともに、「本州四端協議会」をつくって交流し、〇九年には災害時の援助協定を結んでいた。

岐阜県海津市と愛知県犬山市は、徳川御三家の附家老が統治した縁で、茨城県高萩市と災害時の応援協定をかわしていた。海津、犬山は、物資や職員、給水車を高萩に向けて送り出した。

三月一四日には、宮城県気仙沼市に、東京都目黒区からの救援物資が届けられた。気仙沼は、毎年の秋に区でおこなわれる「目黒のさんま祭」にサンマを提供しており、二〇〇一年には災害時援助協定を結んでいた。震災後半年余がすぎた九月一八日、大きな被害を受けた気仙沼の漁協関係者は、「お礼」もかねてサンマを目黒区に届け、いつものように祭りがおこなわれた。

『二〇一一年版 消防白書』によると、「広域防災応援協定」を結んでいる市町村は、二〇一〇年四月一日現在で、全国で一五七一にのぼる。かつては消防庁も、「都道府県を介しての支援が原則。市町村同士の支援は好ましくない」という建前をとった時代もあるが、いまでは積極的に後押しをしており、「実効ある広域応援体制の整備を図っていく必要がある」(白書)としている。

第4章　救援を急げ

1　医療を支える

被災地に駆けつける

「羽田午後七時発、山形便に乗れますか?」

東京都文京区にある順天堂大医学部の准教授、内藤俊夫医師(四一歳)が職場で電話を受けたのは、震災六日後の一七日午後四時だった。時計を見た。あと三時間。いつものように、白衣の下はスーツ姿だった。

これでは、被災地には行けない。同僚にせかされ、都心の百貨店へ向かった。節電で閉店したデパート側に事情を話し、店を開けてもらった。防寒着から運動靴、旅行カバンまで一式を購入し、そのまま羽田空港に向かった。

内藤医師は、日本プライマリ・ケア連合学会の理事でもある。「自分の専門に限らず、どんな病気も診る」総合医を養成する学会だ。一一日の大震災の直後から、学会の有志五〇人と被災地入りを希望していた。だが学会の事務局からは、まだ準備が進まないと聞いていた。

これほど早くに連絡がくるとは……。翌一八日には、前線基地のある岩手県藤沢町の国保藤沢町民病院の前に立っていた。

前線基地を設けていたのは、島根・隠岐諸島の診療所を預かる白石吉彦医師(四四歳)だった。大震災のニュースに矢も盾もたまらず、発生二日後の朝には、大量の栄養補助食品と水六リットル、手回し発電ラジオと防水ヘッドライト、トイレットペーパーをリュックに背負って本土行きのフェリーに乗った。ともかく、行けるところまで行こう、というつもりでいた。当分散髪はできないと、頭は丸刈りにした。

東京に着いて、へき地や離島に卒業生を送る自治医科大学の先輩医師と合流した。被災地の医師会に連絡をとると、「地元医師で足りている」といわれた。だが、経験からいって、災害時に人手が足りているはずはない、と思った。仲間と、緊急車両を使って一路、北上した。地元医師らと連絡をとり、拠点にしたのが、岩手県一関市と宮城県気仙沼市の中間にある藤沢町だった。気仙沼に近く、水道や電気、携帯電話も使えた。ベース・キャンプとしては最適だ。

国保藤沢町民病院の一室を借り、自己完結型のボランティアの「心得」を貼りだした。

①無事帰還すること

②現地では存在自体が負担になり、迷惑になるのを自覚すること

③自立再生の過程を学び、少しでもお手伝いすること

離島の医師は「どんな患者さんの病気でも診る」という「限界医療」に日々、直面している。限られた資源で、どう患者さんを診たらいいのか、ふだんから考え続けている人々だ。すべて自分ひとりで診るしかない。

その点ではプライマリ・ケア連合学会とは共通点があった。藤沢町民病院を拠点にする自治医大卒業生は自然に同学会と合流し、協働で医療支援プロジェクトを始めることになった。

目標は、「被災した地元医師を長期に支えること」。まずは津波で携帯電話を失った医師たちに、通じやすい機種の二〇台を無償で提供した。連絡を取り合って必要な物資や薬品、避難所での医療状況などの情報を集めた。次は、疲弊した避難所の医師に休んでもらうことだ。

そこに内藤医師が現れた。

当直を肩代わり

当時はガソリンが不足し、緊急車両以外の車は簡単には手に入れることができなかった。スタンドには、深夜から給油を求めて長蛇の車列ができる。白石医師らがつかえるただ一台の緊急車両では、避難所の巡回すら満足にできない。

取材のため緊急車両で藤沢町に立ち寄った私も、そのプロジェクトに巻き込まれた。二日間、

気仙沼唐桑地区で，被災者を見舞う看護師の安西順子さん(左)．後方スーパーの屋根には津波で流された車が載っていた(2011 年 3 月)

医師や看護師を宮城県気仙沼市の避難所に送り迎えし、乏しい物資をかき集めて運んだ。

後背地の岩手県一関市のコンビニエンス・ストアでパンを四個買った。「一人一個まで」。店員から、いったんは断られた。「被災地のお医者さんに届けたい」と言うと、後ろに並ぶ女性が続けた。「私の分、この人にあげて」

藤沢町で内藤医師と、避難所に届けるリンゴ三箱を買った。果樹園主が「これは私からです」といって、もう二箱を余分に積み上げてくれた。

気仙沼市で最大規模の避難所(約一八〇〇人)では、二晩にわたり病院に閉じ込められ、救出された地元医師が不眠不休の診療を続けていた。積み重なる疲労で顔がはれ、言葉がなかなかでてこない。「このままでは倒れてしまう」。内藤医師が説得し、代わってその日から、夜間の当直に入った。

避難所になった高台の市総合体育館「ケー・ウエーブ」を守る看護師の多くも、自ら家を失った。救援物資を運ぶために現地入りした千葉県松戸市の看護師、安西順子さんはいたたまれず、気仙沼に残って活動を続けた。

避難所には、夫が遺体で見つかり、ショックでお乳が出なくなったお母さんや、お年寄りら介護が必要な人が、少なくとも二〇人はいる。毎日、刻々とニーズが変わり、即決することが必要だ。避難所では市の看護師が休まずに働き、休みをとることもできない。安西さんの目標も「被災看護師」を支えることだ。

全国の力、送り込むために

三月二三日夜、岩手県釜石市を訪ねた。岡山市に本部がある国際医療支援団体「AMDA」(アムダ)の松井治暁医師(三一歳)が避難所を回っていた。勤めていた病院から二週間の休暇をもらって、一九日に現地入り。市内三カ所の避難所を見守っている。「今はまだ、医療のプロが被災地を支えるべき段階だ」という。

四〇〇人以上の被災者が身を寄せあう釜石中学校でAMDAの活動を支えているのが、地元の看護師、三浦麻美さん(四四歳)だ。被災して、娘さんと二人で避難してきた。数日後に避難所の看護を買って出た。

避難所の運営にあたるのは市職員の二人。栃内宏文さん(四四歳)は市の統計係長、松下隆一さん(四一歳)は資産税係主査だ。松下さんは義母を亡くしたが、二二日に一度家に戻っただけという。刻々とストレスが増す避難所。その運営を支える自治体職員と交代し、少しでも休ませてあげる「行政ボランティア」も必要だ。

新潟県柏崎市社会福祉協議会の大塚真光子さん(三九歳)は、外部からのボランティアの受け入れを準備する先遣隊として一八日、仲間とともに釜石入りした。地元の「被災ボランティア」が物資の配送や、避難所の清掃をするお手伝いをしながら、全国の「民力」が総出で動き出せるよう準備を続ける。

その後のケー・ウエーブ

その後、一カ月余を経た四月三〇日、再びケー・ウエーブを訪ねた。かつては満員だった避難所も、かなり落ち着いてきていた。

市健康増進課の看護師・畠山千明さんによると、東名厚木病院と富山大の内科、外科、小児科の医師が交替で通ってくる。東京都の薬剤師、東京女子医大精神科の医師も応援を続けているという。

市では、避難所は病院ではなく住宅と考えており、夜間の当直態勢はやめることにした。夜間に救急患者がでれば、他の市民と同じく救急車で、市内の病院に搬送している。これは、地元の二二医療機関が業務を再開したことと、かかわっているのだろう。外部からの応援はありがたいが、地元の医療機関が再開すれば、本来の姿に戻すために、救急態勢を徐々に縮小していったほうがいい、という判断だ。

一九九五年の阪神大震災のときにも、同じ問題が起きた。たとえば救援物資やボランティアはありがたいが、物資がいつまでもただで配られると、再開する商店の民業を圧迫する。がれき撤去や清掃も、今はとても人手が足りないが、いずれ被災者の方々を雇用することになれば、競合や摩擦が起きることも想定しておかねばならない。難しい問題だ。

畠山さんによると、急性期に続く亜急性期が慢性期に移行したのは、だいたい震災一カ月後くらいだろうという。それまでは、インフルエンザやノロ・ウィルスの感染が疑われる人々が、多い時で一日一〇人ほどいた。これからは、一〇〇人以上いるという七〇歳以上のお年寄りの介護が問題になるだろうという。

その当時の懸念は、交通手段の確保だった。ケー・ウエーブは市の中心部から遠い高台にあるため、市街に行くまでが一苦労だ。地元医療機関が再開したのはいいが、そこまで通う足がたりない。

避難所を運営している市図書館勤務の酒井勇一さん(五九歳)にも話をうかがった。

四月二九日現在、市内には五五カ所の避難所に、五一八二人がいる。うちケー・ウエーブに暮らすのは六二〇人で、当時でも市内最大規模だ。

仮設住宅は五月二日に気仙沼中学校前の市民グラウンドに第一次一九一戸が完成し、その抽選が二八日におこなわれた。今のところ五次まで、一三〇三戸の建設を予定しているが、まだまだ、たりない状態だ。ケー・ウエーブの敷地にも八五戸建設の予定で、二六日から着工し、工事が進められている。

「避難生活も長くなってきたので、一時の物資や食事、水といった要望から、ふつうの日常生活への要望に変わりつつあります。最近では、メインの体育館に二メートルの仕切り板を設置して、プライバシーが守られるようにしました。これからは、夏用の衣料品、夜具寝具が必要になります」

秋田、静岡など他県からの応援が八人、三重、長野など自治労からの応援が四人入り、医療関係者、介護士、保健師、栄養士、保育士らを合わせると、応援は四〇人規模だという。こうした応援は、市町村が県に要請し、県が他の自治体との調整にあたっているという。

「震災から三週間くらいたって、ようやく市の職員も週に一度は休めるようになりました」

という。

酒井さんに、「お住まいはどうでしたか」と尋ねた。

「家は海岸近くにあり、一〇〇戸ほどの家と共に津波で押し流されました。今は避難所から、ここに通っています」

それ以上、おかけする言葉を失った。

2　救助・救援活動

医療の救助・救援

東日本大震災では、医療や福祉施設にも大きな被害がでた。

「二〇一一年版 厚生労働白書」によると、岩手、宮城、福島の三県の医療機関は、五月二五日現在で三八〇病院のうち三〇〇病院が被害を受け、うち一一病院が全壊した。

震災直後でみると、外来の「不可」が四五、「制限」が一六〇、入院の「不可」が八四、「制限」が一〇七で、多くの病院が機能を失うか、低下させていたことがわかる。災害拠点病院については、岩手県立釜石病院と、宮城県の石巻赤十字病院で入院を制限した。

また、四月一九日現在で六五三一の一般・歯科診療所のうち一一七四診療所が被害を受け、うち一六七が全壊した。

三県の社会福祉施設では、五月一三日現在で八七五施設が被害を受け、うち五九が全壊した。

こうした医療・福祉の危機に、医師たちはどう対応したのか。

まず動いたのは「災害派遣医療チーム」だった。これはふつう英語名の Disaster Medical

Assistance Team の頭文字をとって、DMAT（ディーマット）と呼ばれる。

DMATは、救急医療態勢が十分でなかった阪神大震災の教訓を踏まえ、二〇〇五年四月に設立された。おおむね四八時間といわれる災害の「急性期」に現地へ派遣され、救急医療などをおこなう医師、看護師、事務職員のチームである。

あらかじめ事務局のある国立病院機構災害医療センターや、兵庫県災害医療センターで研修と訓練を受け、登録しておく。主な活動は、現場での救急医療のほか、現地に臨時医療施設を立ちあげ、トリアージをして優先順位の高い患者から先に、被災地外の拠点病院に送りこむ。いわゆる広域医療搬送によって、一人でも多くの命を救うのが任務だ。また、災害で機能が低下した病院も支援する。

DMATは自然災害だけでなく、〇五年のJR福知山線脱線事故や、〇七年那覇空港で起きた中華航空機炎上事故など、大きな事故にも派遣されてきた。二〇一〇年三月末には三八七施設、七〇三チーム、約四三〇〇人の隊員が登録していた。

今回の震災では、厚生労働省と県の派遣要請をうけて三月一一日から現地に入り、二日後の一三日には最大の一九三チームが病院支援や広域医療搬送などをおこなった。DMATは「急性期」に投入されるチームなので、三月二二日に活動を終えた。

このあと厚労省は三月一六日、被災県からの要請をうけて日本医師会や病院団体などに医師や看護師らを派遣するよう依頼した。一日で最大一五六チーム、約七〇六人、七月一二日までに累計二四三八チーム、約一万一五四九人の医療チームが現地入りし、避難所への常駐や巡回、病院支援などにあたった。

このうち日本医師会は震災当日には災害対策本部を設け、一五日にはＪＭＡＴを岩手、宮城、福島、茨城に派遣すると発表した。ＪＭＡＴ(ジェーマット)とは、「日本医師会災害医療チーム」(Japan Medical Association Team)の頭文字だ。

ＪＭＡＴについては、日本医師会の「救急災害医療対策委員会」が、二〇一〇年三月に創設を提言し、骨子を取りまとめていた段階だった。そこに震災が起きたことから、検討中の骨子をもとに実施を前倒しして、派遣を決めた。

ＪＭＡＴは一チームが医師一人、看護師二人、事務職一人からなる。都道府県の医師会ごとに派遣し、被災地の病院や診療所の支援と、避難所や救護所での医療をおこなう。派遣期間は一チームが三日〜一週間がめどで、切れ目なく派遣する。チームの引き継ぎのため、事務職員が支援内容を記録するというものだった。

ＤＭＡＴが急性期担当なら、ＪＭＡＴはその後の慢性疾患や長期避難生活で健康を支える息の長い活動だ。日医の発表によると、四月六日現在で三六九チームを派遣中で、準備中が二〇三チーム。四月一三日現在には四八一チームになった。六月二七日までに派遣されたチームは一三〇〇以上、参加者は約六〇〇〇〇人に及んだ。ＪＭＡＴは、地元医療機関が立ち直りつつあることから、七月で活動に一応の区切りをつけた。

日本赤十字社も、震災直後から、災害救護班と、災害医療の拠点になる移動仮設医療所チームを現地に派遣した。救護班は、医師一人、看護師三人、運転手一人、事務管理一人からなる。九月二六日現在で八二四の救護班を送り、八万七〇〇〇以上の患者を診た。特に被害が大きかった石巻市では、石巻赤十字病院が唯一の大型病院として「命を支える拠点」になった。

ＡＭＤＡなど、民間の救援組織の活動も目立った。ＡＭＤＡは、菅波茂氏らが一九八四年、岡山市に設立した特定非営利活動法人で、これまで国内外の災害に多くの救急医療チームを派遣してきた。なおＡＭＤＡは、設立時の名前だった「アジア医師連絡協議会」(The Association of Medical Doctors of Asia) の頭文字である。

ＡＭＤＡの第一次医療チームは震災翌日の一二日には仙台市に入り、その後、岩手県釜石市、大槌町、宮城県南三陸町などで避難所を支え、自宅で避難している住民を巡回した。派遣したチームは医師五一人、看護師三三人ら一四九人。四月末で緊急医療支援活動に区切りをつけたが、その後も三年をかけて、県立大槌病院、公立志津川病院などに定期的に医療チームを送り、現地のスタッフに休みをとってもらうなど、息の長い復興支援活動をすることを決めている。

警察——支援で乗り切る

警察と消防は自衛隊と並んで、今回の被災地で最も組織的な救助・救援活動にあたった、といっていいだろう。いずれも組織や装備、通信などが統一されているうえ、阪神大震災を教訓に、大災害に備えた支援の組織づくりをしていたことが役にたった。

被災地では、警察も被災した。警察庁の六月のまとめでは、避難誘導や巡回などの途中で殉職した人は二五人、行方不明は五人にのぼる。宮城、福島の県警本部の建物に被害があったほか、岩手で一四、宮城で二四、福島で二〇の警察署や分庁舎に被害があった。このため、救助や犯罪防止、交通維持のかなめとなる警察活動にも、大きな障害がでた。

警察庁が編んだ「二〇一一年版 警察白書」によると、東日本大震災では六月二〇日現在で延べ三八万九〇〇〇人、一日最大で四八〇〇人が、被災地への支援に派遣された。激甚被災の三県でみると、一一〇〇人態勢の岩手には一日あたり最大で一四〇〇人、三九〇〇人態勢の宮城には一九〇〇人、三〇〇〇人態勢の福島には一五〇〇人が支援に入った。

警察業務は、住民の避難の誘導、救出・救助、行方不明者の捜索、緊急路の確保など幅広い。さらに、亡くなった方々の検視や身元確認も重要な仕事だ。

警察庁では阪神大震災を教訓に、各都道府県に「広域緊急救助隊」をつくり、災害救助犬やエンジンカッターを装備する協力支援態勢を強化してきた。今回は、警視庁の広域緊急援助隊が三月一二日、仙台市若林地区で孤立集落を見つけ、隊員が数珠つなぎになって住民を避難させるなど、三七五〇人の被災者を避難させた。

また、三県に一日最大で五〇〇〇人近い広域緊急援助隊の刑事部隊を派遣し、医師や歯科医師の協力を得て、検視と身元確認を支えた。六月二〇日現在で、一万五三九七体を検視し、一万三五七六人の身元を確認し、一万五三三二人をご遺族に引き渡した。

被災地では、地元消防団、消防隊、警察、自衛隊が一体になって捜索活動にあたった。消防団員が顔見知りの住民のご遺体を見るのはつらいので、他県から来た応援部隊が引き受ける例もあった。検視は、まず泥を落とし、清めてからでなければできない。ＤＮＡの資料を採取し、歯型や治療のあとから身元を照合する作業も、困難をきわめた。警察は、こうした過酷で地道な作業を黙々とこなしていた。

また、被災地では長期にわたって停電が続き、信号機が使えない場所が多かった。こうした場所では、他県からの応援部隊が交代で交差点に立って、深夜まで手信号で車列をさばいていた。さらに、各避難所を巡回し、女性警察官が、女性からの相談にあたる姿も多く目撃した。

こうした警察活動の支援もあって、被災地での犯罪多発は避けられた。警察庁が一一月にまとめた資料では、被災三県では、三月から九月までの間、凶悪犯罪を含むほとんどの刑法犯の認知件数が前年を下回った。ただ窃盗犯のうち、侵入盗、いわゆる空き巣だけが前年を三〇四件上回る三五七一件になった。これは福島第一原発の事故で、無人になった警戒区域などを荒らしまわる犯罪が多発したためだ。

消防——初の広域支援

総務省消防庁が一二月にまとめた「二〇一一年版 消防白書」によると、今回の震災での殉職者二七人(うち行方不明四人)、建物被害も消防本部三六、消防署八四、出張所一九六と、大きな被害をだした。さらに消防団をみると、犠牲者二五四人(うち行方不明二二人)と被害はさらに甚大だった。これはふだんは別の仕事に就き、災害時には消防の第一線で活動する人々が、大津波の際に危険を顧みず、地域を守るために水門を閉めに行ったり、住民の避難誘導を優先させて津波に巻き込まれたりしたケースが多かったためだ。

地元の消防力が打撃をうけた今回の震災では、二〇〇三年に消防組織法の改正でつくられた「緊急消防援助隊」が大きな役割を担った。これは各都道府県単位で設け、大災害時には被災地に派遣される支援部隊だ。初出動の今回は、五月二六日現在で七五〇〇隊、約二万八五〇〇人が被災地に派遣された。応援に向かったのは全国四四都道府県、全国消防職員の六分の一という大規模な支援である。最大だったのは、三月一八日午前一一時で、その数は一五五八隊、六〇九九人だった。

ヘリ五八機の航空部隊は、主に人命救助や避難、空中からの消火や情報収集にあたり、陸上部隊は救助、救急、消火活動、海上部隊はコンビナート火災の消火にあたった。こうした支援で、四月八日までに四六一四人(うち一三〇二人は警察と協働)を救助した。

緊急消防援助隊などの活動をまとめた写真集『東日本大震災消防レスキュー』(Jレスキュー特別編集、イカロス出版)には、被災地の市町村別の活動が写真つきでまとめられている。「役立ったツール」として、がれきを除きながら探索棒に使うトビ口や照明・カメラつきの探索機、探索のだぶりを避けるために捜索済みの印を示すスプレーペンキ、胴つき長靴などをあげている。消防も燃料不足に悩んだこと、釘による靴の踏み抜きの危険があったことなど、今後の広域支援の参考になる事例も多く掲載している。

自衛隊——一〇万人態勢と米軍の「トモダチ」作戦

自衛隊の救助・救難派遣も、過去最大の一〇万人態勢になった。阪神大震災の最大時二万六〇〇〇人を遥かに上回る規模である。

防衛省の「二〇一一年版 防衛白書」によると、震災発生直後の午後二時五〇分に同省は災害対策本部を設置。当日八四〇〇人を派遣して警察、消防、海上保安庁と連携して救助・救援にあたった。この段階では、情報収集や空自のヘリなどによる救助が力を発揮した。当初の政府指示は五万人態勢だったが、一二日には菅直人首相が「一〇万人態勢」を指示。一五日には五万人強、一八日には一〇万人が現地に派遣された。

一四日には陸自の東北方面総監の下に、陸・海・空を統合運用する「ジョイント・タスク・フォース」ができた。災害で統合運用システムをとる初の例になった。

これは、東北方面総監がトップになり、その下で陸自では東北方面総監が陸災、海自では横須賀地方総監が海災、空自では航空総隊司令官が空災の部隊をそれぞれ運用する仕組みだ。大量の物資の運搬などでは、陸・海・空の連携が欠かせない。統合運用にしたことで、この点ではかなり効果があったとみられる。

発生からしばらくは、被災者の救助・救援と、物資の運搬が最大の仕事だった。救援ヘリや輸送ヘリが、孤立した集落や建物から数十人、数百人規模で住民を救出した。陸自もあわせ、自衛隊が救助したのは全体の「約七割」と「白書」は述べている。

自衛隊の派遣は最大時で一〇万七〇〇〇人、航空機五四〇機、艦艇六〇隻になった。

急性期の人命救助と並んで重要だったのは、救援物資の運搬と、その後の行方不明者の捜索だ。自衛隊は全国から集まった大量の物資を輸送機などで花巻、福島空港、松島基地などに運び入れ、拠点集積地から三県の現地集積所まで搬送した。また、輸送艦からは、接岸の難しい陸地まで、エアクッション艇やヘリによるピストン輸送で物資を運んだ。ガソリン不足で陸上からの支援物資搬送が難しいなか、こうした搬送は物資の「動脈」として被災地を支えた。

人海戦術による行方不明者の三度にわたる集中捜索や各避難所での炊き出し、配水、入浴支援、医官らによる医療支援なども、各地で見られた。さらに、長期化するにつれ、重機による港湾や空港の復旧、がれきの撤去、橋の応急敷設、排水溝の設置などでも、自衛隊が活動した。

自衛隊は七月一日に解除指示が出るまで「一〇万人態勢」をとった。

阪神大震災では自治体による自衛隊への派遣要請が遅れたほか、家屋の下敷きになった人々を近隣の人が救出する場合が目立った。今回の東日本大震災では、被災地域がきわめて広範にわたり、地元の自治体や警察、消防などの機能が大幅に低下しており、自己完結型で動ける自衛隊の大規模動員なしには、救助・救援活動を続けることは困難だったろう。

今回の自衛隊の活動について、防衛省で日米調整の実務を担ったある幹部は、二〇一一年末、私の取材に対して、「隊員の半数近くを三カ月にわたって動員するのは、本来は無理な計画だ。それを可能にさせたのは、東北にあった約二〇の自衛隊基地を兵站補給のハブにし、艦船を使って物資を中継したからだ」と、補給の重要性を指摘した。

また、米軍による「トモダチ」作戦について、仙台空港の復旧の例をあげて、「かなり有効だった」と振り返った。

米空軍は三月一三日の偵察で、津波浸水した仙台空港を復旧させることが重要だと判断した。

一五日には空港業者が三〇〇〇メートル滑走路の半分のがれきを除去していた。米軍は一六日に大型空輸機を着陸させて建設機材を搬入し、一日半で残りの滑走路を復旧させた。荷役は米陸軍、海兵隊が担当し、ポータブル無線機や移動レーダーを搬入して航空管制をおこなった。自衛隊にもそうした装備や機材はあったが、「破壊された空港を応急に修復して使うというマインドがなかった」という。

日米間の調整メカニズムは、本来は防衛省がある市谷と米軍横田基地の間に調整所を設ける形を想定していた。しかし今回は、市谷に米側准将ら三〇人のスタッフ、横田基地に自衛隊から三〇人のスタッフ、仙台の東北方面総監部に米側から五〇人といったように、「上から下まで、日米が互いに要員を派遣し、緊密に連携した」という。また、福島第一原発の事故に対しても、三月下旬から毎晩、米側が国務省、エネルギー省、米海軍から計三〇人の支援チームが出席し、日本側各省の計三〇人と、二時間程度の会議を開いて情報を共有したという。

海上保安庁も、組織をあげて救援活動を続けた。海保がサイトで更新する大震災への対応のまとめによると、一一月七日現在で、派遣したのは巡視船九隻、巡視艇一九隻、固定翼機二機、ヘリ六機で、孤立地からの吊り上げなどによって救助したのは三六〇人だった。さらに海からの捜索により、漂流する三八七人の遺体を取り戻した。また、五〇六隻の無人漂流船を確認し、巡視船が八五隻を曳航した。

陸からの捜索ができなかった福島第一原発周辺の海域でも、四月一四日、巡視船六隻、巡視艇三隻、航空機五機を動員して集中捜索をおこなった。

さらに、救援活動も活発だった。三月一二日に、北海道提供の水やおにぎりなどを室蘭から青森に運んだのをはじめ、海路による大量の物資搬送を繰り返したほか、被災者に巡視船の入浴施設を提供し、ＤＭＡＴの医療関係者を宿泊させるなど、幅広い支援をおこなった。

3　浮かびあがった課題

進む救援の見直し

東日本大震災の救助・救援では何が欠けていたのか。今後の大震災に向けて、いかすべき教訓とは何か。二〇一一年夏ごろから、政府による検証と見直しの動きがでてきた。

内閣府は九月一二日に、有識者による「災害対策法制のあり方に関する研究会」を設置し、東日本大震災で浮き彫りになった災害対策基本法などの問題点を、今後の改正にどういかしたらよいかという検討を始めた。

また中央防災会議もこれとは別に、一〇月二八日に、「防災対策推進検討会議」の第一回会合を開き、今後の防災体制の見直しについて検討に入った。

これは、第2章の3「日本列島と津波対策」でもふれた「東北地方太平洋沖地震を教訓とした地震・津波対策に関する専門調査会」(河田惠昭座長)の報告をうけ、具体的に防災体制をどう改革するのかを決める重要な会議だ。これには有識者だけでなく、野田佳彦内閣の担当閣僚も加わり、二〇一二年夏までに最終報告をまとめる。それ以降はこの報告をふまえて新たな防災体制がつくられ、今後の大災害に備える。

東日本大震災では、どのような問題が浮かびあがったのか。内閣府は、有識者による「東日本大震災における災害応急対策に関する検討会」(林春男座長)を置き、八月一二日から検証を続けた。その議事録や、提出された各省庁の資料から、東日本大震災における救助・救援の問題点を探ってみよう。

第一回の会合では、全般にわたる問題点が話し合われた。

まず問題になったのは、生存確率が高い災害から七二時間の「急性期」の課題だ。東日本大震災では、二日間ほど被災状況がつかめず、情報が混乱した。三日後からは自衛隊、消防、警察、海保などが現地入りして通信手段を確保し、全体状況がつかめるようになった。委員からは「その後は実働各省庁の実力がフルに稼動し、すばらしかった。問題は、発生直後の混乱期を、いかに短くし、解消していくかにある」という指摘があった。

次の問題は、「連携」という点だ。これまでの災害対策は、市町村が前線で危機に対応し、これを都道府県、さらに国が支え、指揮をとるという垂直型の構図になっていた。今回のように被災が広域にわたる場合、市町村や県が機能を失い、その前提が崩れる。これまでの「指揮・調整」には、「連携」という意識が薄かったという指摘だ。

緊急時の対応では、まず正確な情報をいかに共有するかが課題となる。今回は、膨大な情報が政府に押し寄せ、それをいかにさばくのかが課題だった。「暴動寸前」などの偽情報や、一人が違うセクションに数十通もの同じメールを送って混乱を招く場合もあった。委員からは、「どの情報源を優先させ、どの情報を優先的に処理するか。「情報のトリアージ」という考え方も大事」という意見がだされた。

また、ヘリによる上空からの情報収集が有効だったことが確認されたが、その映像をいかに自治体と共有するか、事前の飛行調整でいかに効率を図るか、夜間の飛行撮影をどう確保するか、などの課題も指摘された。

災害医療の課題

第二回会合では、広域医療搬送や災害医療について、厚労省DMAT事務局が今回の対応や今後の課題について説明した。

まず問題になったのは、指揮系統である。政府と事務局の連絡が電話のみで調整が難しく、県庁への二重連絡があって指揮系統が混乱した。また事務局の専属職員が二人しかおらず、初動が遅れたことや、県の調整本部の要員が足りず、二四時間体制での勤務が疲労や非効率化を招いたこと、県を越える調整に手間取ったことも報告された。

またＤＭＡＴは、阪神大震災の教訓をもとに厚労省が築いた「広域災害・応急医療情報システム」（ＥＭＩＳ）を使うことになっていたが、ここでも問題があった。ＥＭＩＳのサイトでは、災害時に病院・診療所の最新情報、超急性期の診療状況、急性期以降の患者受け入れ、ＤＭＡＴの活動などの情報を入力し、防災関係者が閲覧できる。

事務局によると、ＥＭＩＳを導入していない宮城県では病院被害の情報が得られず、孤立した病院への支援が遅れた。また、導入している県でも、全病院のデータが登録されていなかったため、安否確認ができない場合があった。さらに、被災地ではそもそもインターネットを接続できない地域が多く、ＤＭＡＴにも、衛星通信を装備していないチームがあった。また、ＥＭＩＳでは病院情報しか集まらず、自衛隊など他の機関とどう情報を共有するか、という課題が残った。「広域医療搬送」では、被災地があまりに広く、初動に時間がかかったことや、今回のように県境を越えた搬送をする場合に、県の枠にとらわれない指揮系統が必要、との反省があった。

また、ＤＭＡＴが想定する活動期間は四八〜七二時間の急性期だが、今回のような大規模災害では急性期が長引き、支援が遅れることから、一～二週間をカバーする体制の検討が必要だ。さらに急性期に続く亜急性期への引継ぎ先が見つからない場合もあり、医師会や日赤などとの連携も欠かせない。

こうした厚労省の報告を受けて、検討会では災害医療について次のような意見が出た。まずDMATについては、今回の活動実績を認めつつも、「初動期はDMATに任せればよい、という認識では甚大な災害に対応できない。医療資源をどう投入するかについて、国民との合意が必要」という声がでた。「通信途絶によってEMISへの入力ができなかったのは大きな課題。衛星携帯電話も使えなかった。どのような通信機能があればよいのか検討が必要」という声もあった。

物流と輸送の課題

第三回会合以降は物流や輸送、通信などの横断的なテーマが取り上げられ、内閣府や消防庁、警察庁、自衛隊などの各省庁の報告をもとに、今後の課題が話し合われた。

物流と輸送については、内閣府防災担当が次のように報告した。政府の災害対策本部は震災当日の夜、官邸危機管理センターにC3、C4という二班を立ち上げた。C3班は緊急輸送の調整、C4班は物資調整を担当する班で、内閣府の参事官や企画官が統括する一〇～二〇人前後のチームだった。

ふつうの災害では、被災都道府県が物資を調達し、のちに国が国庫補助をする。今回は自治体が広域被災したため、国がじかに物資を調達し、全日本トラック協会を通して手配したトラック延べ約一九〇〇台、自衛隊航空機延べ約一五〇機、船舶八隻を使って直接配送するという、前例のない方法をとった。

その結果、本部が送った物資はパン九三九万食、おにぎり三五〇万食など二六二一万食、飲料水七九四万本、トイレットペーパー三八万個、毛布四一万枚、おむつ四〇万枚などにのぼった。これには、企業から無償で提供された物資も多かった。

国が直接、大量に物資を調達して現地に送る方式は、「プッシュ」型救援といわれる。広域被災にはこの方式が有効であることがわかった半面、いくつかの課題も残した。

それは、中継となる被災県の物資受け入れ態勢が整うまでに、時間がかかったことだ。県の集積施設が満杯のため、本部発注のトラックが直接、被災市町村に届ける場合もあったが、現地の事情で受け入れられなかったり、担当者が不在で、調整に手間取ったりした。内閣府では、今後は県の物資集積施設を早期に立ち上げ、現地の交通路を確保することが大切だ、という。

こうした政府報告を受けて、検討会では次のような意見がでた。

まず指摘されたのは、調達から物資を避難所に届けるまで、トータルに情報を統括する「物流」の視点がなかったことだ。政府も県単位の集積所までは把握していたが、その先のきめ細かな情報はつかんでいなかった。県の集積所までは比較的順調に機能したが、その先の仕分けや末端への配送が大きな課題だった。情報の一元管理が必要なゆえんだ。

先に見たように、広域災害の初動については、被災者のニーズによって物資を調達して運ぶ「プル」方式ではなく、今回のように必要最小限の物資を緊急にまず運び込む「プッシュ」方式が望ましい。必要物資が行き渡った時点で、きめ細かなニーズに対応する「プル」に切り替えるという考えであり、広域災害の教訓としてきわめて重要な指摘だろう。

補給については、民間の物流専門家の方がよく実態を掌握している。会合では、本部や現地に物流専門家を送り、初動から民間物流事業者が主体になって動ける体制にするべきだ、という貴重な意見もあった。

今回はガソリン不足や緊急車両の指定などで、高速道での交通が大幅に制限され、各地のコンビニなど流通網の末端で物資が枯渇した。「企業は経費削減のために在庫を圧縮する傾向がある。このため災害時には生活物資や医薬品が品薄になりがちだ。災害に備え、マクロ的に必要な在庫や、公共機関も含めた流通在庫の確保を考える必要がある」という会合での指摘は、鋭く現状をついている。

交通規制については「二日目までは人命救助を優先にし、三日目以降は生活物資を運ぶ車両の通行も認める」という具体案もでた。私自身の経験でいうと、震災後一週間が過ぎても、ガソリン不足と交通規制が続き、東北道で物資を運ぶ車両はきわめて限られていた。傾聴すべき意見だろうと思う。

通信の課題

災害発生時には命の綱となる情報通信についても、多くの課題が浮上した。

消防庁が第四回会合に提出した資料によると、被災三県で七月に実施したアンケートの結果、一二八市町村のうち、「同報系防災行政無線」を整備していると答えたのは七五％で、太平洋岸の三七市町村でみると、九五％の高率だった。今回の震災では、回答のあった二七市町村のうち、電気系統の故障で使えなかった一自治体を除き、二六の市町村が津波警報後に行政無線で放送をおこなった。

だがその後は津波の襲来で、無線施設が壊れたり、バッテリーが切れるなどして、一七市町村で無線を使えなくなった。

放送の問題としては、「津波の予想高さを放送したため、避難しなかった住人がいた」、「放送回数が少なかった」、「住民への指示が不明確だった。○○まで避難しろ、といった具体性が必要」、「車での避難は災害弱者を優先させ、健常者はできるだけ使わないよう呼びかけるべきだ」などの回答が寄せられた。一般の電話が使えなくなって、防災無線が唯一の伝達手段になった市町村が多く、あらためて「防災無線」の重要性が確認された。消防庁では、非常電源の容量を多くし、多重化することや、デジタル化を進めること、耐震性や津波への対策をたてることなどを今後の課題としている。

防災通信のネットワークはどう機能したのか。内閣府がだした資料によると、官邸や中央省庁と指定公共機関、地方自治体を結ぶ唯一のネットワークが「中央防災無線網」であり、これで電話やファックス、映像やデータを共有する。このシステムで現地の対策本部と臨時の通信網をつくり、警察庁、消防庁、国土交通省、海上保安庁、防衛省の実働五省庁が撮影するヘリ映像を、共有もできる。

しかし、今回の東日本大震災では、宮城現地対策本部と衛星回線がつながったのが震災翌日の午前五時、福島は午後九時四〇分、岩手は一四日の午後二時で、いずれも「通信空白」の時間帯が生じた。これは、現地対策本部の回線が非常用電源につながっておらず、ネットワークがダウンしたためだ。また、つながっても伝送速度が遅いなどの問題があった。内閣府では、移動中も使える「衛星携帯電話」の配備が必要だとしている。

防衛省がだした資料によると、自衛隊のマイクロ回線は問題なく使えた。民間回線が不通になった分は、衛星通信機材で補った。また衛星携帯電話も、自治体を通して通信業者から貸し出しをしてもらった。同省も「初動対応では衛星通信が重要であることを再認識した」という。

自衛隊は、各県庁に連絡員を送り、自治体と情報を共有しながら部隊の指揮所に無線で連絡をとった。こうして通信が途絶えたり、遅くなったりする場合には、人を送ってそのギャップを埋めることが効果的だ。

警察庁では、一部の中継所が被災して無線が使えなかった地域があったほか、民間業者に頼んで設置した本庁と東北管区警察局を結ぶ複数ルートの専用回線が、全ルートとも途絶した。長期にわたる停電で、非常用電源の燃料入手が困難な場合もあったという。

共通の課題として浮かんだのは、通常回線が被災して使えなくなっても、最後の頼みの綱となる衛星回線や衛星携帯電話を確保し、被災地に大量投入することだろう。すべての救助救援活動の基本は「情報」にあり、それが東日本大震災で浮かんだ大きな教訓だろうと思う。

各省庁による災害時の問題点や課題の洗いだしは、ともすると予算要求の根拠に使われ、インフラ整備に傾きがちなところがある。各省庁とは別に、被災自治体や被災者の視線で、もう一度課題を突きつける作業が欠かせないと思う。

検討会ではその後も「避難所運営」「海外支援受け入れ」「現地災害対策本部」などについて議論を進め、一一月二八日には「中間とりまとめ」でこれまでの論点を整理した。個別の改善のみならず、広域災害に対する大きな枠組みでの改革を提言することが、期待されている。

II
原発被災

グラウンドの表土の削り取りを進める中学校
(2011 年 7 月 12 日，福島県郡山市立第一中学校)

「あのとき、子どもをどれだけ被曝させてしまったのか」

（郡山市の母親、四〇歳代前半）

「あのとき、危険なら危険といってくれたら、逃げていたんです」

（伊達市の母親、三〇歳代後半）

第5章　最悪の事故

1　混乱の中の避難

元責任者の避難

二〇一一年三月一一日。

その時、白土正一さん（六一歳）は、福島県富岡町の事務所で仕事に追われていた。激しい揺れに襲われ、身を守るのが精一杯だった。ほどなく、防災無線の放送がこう繰り返した。

「六～七メートルの津波が来るおそれがあります」

地元生まれの白土さんは、前年に定年退職するまで、富岡町役場に勤めていた。終わりの一〇年間は防災や消防を担当する生活環境課で働き、課長も務めた。原発立地町の富岡では、原発防災も生活環境課の主任務だ。

つまり、つい最近まで、地元の原発防災の責任者だったのである。

退職後、白土さんは、目前に迫った県議選に出馬するため、活動を続けていた。原発に携わった実務経験を県政に活かし、福島原発の安全性を確保したいと考えたからだ。その日も、選挙の準備に追われていた。

「あんたの家も流されているぞ」

応援をしてくれた人が血相を変えて飛び込んできた。

三〇分後、つい最近まで勤めていた町役場に行き、災害対策本部に入った。災害時には委託業者が来て、東電とのテレビ会議回線を開通させているはずだ。だが回線はダウンし、本部は本庁舎隣りの図書館に設けられていた。ひっきりなしにかかる電話の対応を手伝った。だが、役場を辞めた身で指示するわけにはいかない。後方支援に徹した。

事務所で一夜明かした翌日だった。富岡駅近くの被災状況を見回ってから役場に行くと、震災後に派遣されていた福島第一、第二原発の連絡要員の姿が消えていた。課長補佐が、白い防護服とマスクをつけて立っていた。

「何やってんだ、白装束なんか着て」

白土さんがいうと、補佐が答えた。「逃げてください。原発が爆発したみたいです」

東電からはそれまで、「原発は多重防護で守られている。どんな場合でも、事故までには一日のゆとりはある」と聞かされてきた。

震災、津波、原発の水素爆発。最悪の事態が、刻々と迫っていた。

午後四時、白土さんは、医師をしている弟に現金や通帳の持ち出しを指示し、毛布などを車に積んで隣りの川内村に向かった。

川内村は人口約三〇〇〇人。原発から半径二〇〜三〇キロ圏内にある。

そこへ、前日まで小中学校に避難していた人口一万六〇〇〇人の富岡町民のうち、五〇〇〇人近くが河のように押し寄せた。川内村民は炊き出しをし、お握りを配って体育館や公民館に避難した町民を支えた。

だが、その村も安全ではなかった。

車などに相乗りしてさらに遠方へ自主避難する人が多かったが、残る住民も決断を迫られた。白土さんが後で聞いたところでは、「屋内退避」を命じられていた川内村に、午後二時ころ、県警から「三〇キロ圏外に避難してくれ」と指示があったという。

村役場は午後五時一〇分、防災無線で村会議員、富岡各区長を呼び出し、「自主避難」の協議に入った。午後六時二〇分、全村避難を決め、バスで郡山市に向かった。避難先は、イベント会場として使われる「ビッグパレットふくしま」。二五〇〇人の川内村民、富岡町民が入ると、大きな建物はすぐ満杯になった。白土さんも、そのなかにいた。通路にも人があふれ、身ひとつ横たえるのが、精一杯だった。

それから半年、その避難所が、原発防災元責任者の「自宅」になった。

「想定外」

現役時代の白土さんは、行政マンとして、「原発推進、反対いずれの立場もとらない。ただし、住民の安全を守るために、最大限の主張する」という立場を貫いてきた。その姿勢は、東電からも反原発の人々からも信頼を得てきた。

「原発」の敷地は、国と電力会社の「聖域」であり、地元であっても操業に関する詳しい情報は与えられない。

東京電力は長い間、「日本の原発で絶対に事故は起きない」という立場をとってきた。だが九九年には、茨城県東海村でＪＣＯ臨界事故が起きた。さらに二〇〇〇年には、大がかりなデータ改ざんが発覚し、地元の不信感が高まった。

そこで〇三年二月、東電が地元に情報を説明する場として「福島県原子力発電所所在町情報会議」ができた。

年四回開かれる会議には立地四町から委員五人ずつ計二〇人と、福島第一、第二原発所長、学識経験者一人が参加した。事務局長格の白土さんは、三〇回近く、その会議の司会を務めた。地元では、最も原発の実態に明るい実務者だ。

その白土さんがいう。「東電はよく、「津波は想定外だった」といいます。しかし、実際は、東電のすべての想定が甘かった」。

その象徴が、原発事故の現地災害対策本部が置かれる「緊急事態応急対策拠点施設」。いわゆる「オフサイトセンター」だ。

ＪＣＯ臨界事故を受け、全国に二二カ所設置されたこのセンターが、今回の事故でも現地の司令塔になり、国や東電の責任者が参集して陣頭指揮をとるはずだった。

大熊町のオフサイトセンターは機能を失い，福島県庁に移転した．敷地には慌しい避難を物語る旅行ケースが捨てられたままだ（2011年12月）

福島の場合、オフサイトセンターは第一原発から約五キロしか離れていなかった。震災直後に、大熊町にあるそのセンターが停電した。電源車を使って復旧を試みたが、電気系統はダウンしたままだった。衛星回線での情報収集はできたが、県災害対策本部と結ぶテレビ会議や市町村への情報提供はまったくできなかった。
放射線量もあがったため、国は一六日に、現地災害対策本部を福島県庁に移し、そこから情報収集と防災指揮をとることになった。
「そもそも、原発から五キロの位置にオフサイトセンターを作ったことがおかしい。原発事故は起きない、という前提に立って、甘い想定をしていたのではないか」

福島では二〇〇〇年から毎年、防災訓練をしてきたが、参加者はマニュアルを読みながら訓練をしてきた。「マニュアルなしで訓練をしては」と白土さんは東電に提案したが、聞き入れてもらえなかった。

「福島第一がある双葉、大熊町、第二がある富岡、楢葉《ならは》町では四年に一度ずつ、交代で住民が避難訓練をしてきた。でも参加するのは二〇〇人前後。全住民の避難など、やったことはない。今回、富岡町から川内に避難した人たちは、車が渋滞に巻き込まれ、ふだん三〇分の距離を最長六時間もかけて避難した。情報がまったくなく、混乱は拡大した」

国も東電も「想定」していなかった原発事故。しかも最悪の規模で起きたその事故は、地元を情報途絶に陥れ、人々は逃げ惑った。

双葉病院の「悲劇」

福島県大熊町にある双葉病院も、三月一一日、大きな揺れに襲われた。すぐに電気が消え、ガスと水道が使えなくなった。さらに屋上の貯水タンクからつながる配管が断裂し、全館暖房の湯が床に流れて、くるぶしまで水浸しになった。

固定電話は夕方まで使えたが、夜間は公衆電話のみが頼りだった。携帯電話も、夜には不通になった。病院は、あらゆる情報が途絶する「ブラックアウト」に置かれ、そこから未曾有の混乱に巻き込まれた。

特定医療法人「博文会」が経営する双葉病院は、JR常磐線と海岸の間に位置する精神科専門の病院である。統合失調症、認知症や、合併症などで寝たきりのお年寄りの患者三四〇人が入院していた。

双葉病院には、介護老人保健施設「ドーヴィル双葉」が隣接し、こちらには九九人が入所していた。双葉病院では鈴木市郎院長ら医師八人と、百数十人の看護師が働いていた。

双葉病院の医師が、ドーヴィルの入所者を診断し、医療の必要があれば、双葉病院に移る。両者は提携関係にあった。ほかにグループ・ホームも運営し、こちらは二七人が利用していた。

震災当日、病院では七人の医師、六四人の看護師、三一人の看護補助員が勤務していた。ドーヴィルでは看護師七人、介護士三二人が働いていた。

鈴木院長はその日のうちに、事務職員、パート職員を自宅に帰したが、大半の医師、看護師はその場に残った。

電気暖房が使えなくなり、各病棟にダルマ式のストーブを置いて暖をとった。

患者の二〇～三〇人には、二四時間の点滴が必要だ。その装置や痰の吸入器、心電図モニターなどが、停電で使えなくなった。

鈴木院長らは患者を一カ所に集めた。暗闇のなかでペンライトをあてながら必死で夜通し、点滴や痰吸入などを続けた。

その日の給食用の米はまだ炊いておらず、買い溜めてあった一週間分のおやつを配って空腹をしのいだ。

翌一二日の夜明け、「大熊町は全員避難します。最寄りの集会所に集まってください。私有車は使わないでください」という防災無線の放送があった。

双葉病院の宍戸孝悦統括課長は、午前中、町の災害対策本部に行き、「病院の車両だけでは自力避難は無理です。バスを回してください」と頼んだ。午前九時から一〇時にかけてのことだ。役場に大勢の住人が列をつくり、着いたバスに乗り込むのが見えた。

災害対策本部から「バスが足りない」といわれた宍戸さんは、病院に戻ったが、ライフラインも途絶え、食料もない。ほぼ一時間おきに三度ほど、災害対策本部に行って「次のバスは病院に回してほしい」と訴えた。

避難時のままベッドが置かれた双葉病院の中庭(2011年12月)

正午前、双葉病院にバス五台が来た。県外ナンバーの観光バスだった。

鈴木院長は、このバスに双葉の病院車六台を加え、自力で動ける患者、指示で動ける患者さんを優先に避難させることにした。六病棟で主任医師がトリアージをし、患者を選んだ。車列には、医師三人が同行し、看護部長が手配して各バスに職員五人ずつが乗り、オムツや薬、飲料水などを載せて出発した。全員が乗車し終わったのが午後二時ころだ。

バスの運転手は「常葉中学校に向かう」といっていたが、そこはすでに満員で、午後七時近く、三春町の要田中学校の体育館に着いた。三春町では、毛布や炊き出しのお握りを配り、町役場職員が二四時間体制で支援してくれた。

この「第一次避難」で、歩行可能な患者二〇九人、職員六〇数人が病院を出た。残るは重い症状の患者一三一人と、ドーヴィルの入所者だ。

やって来ない救援

宿直明けで帰宅した医師もおり、その場に残った関係者は鈴木院長、ドーヴィル担当の医師、総務課長の三人と、他のわずかの職員だけだった。

鈴木院長は、後続のバスが来ないため、残り二人と交代で、車で消防や警察の車を探しに出かけた。

午後三時三六分、車で川内方面に向かう途中、院長はドーンという音を聞いた。福島第一原発一号機の建屋が爆発した瞬間だ。病院に戻った院長は、医師と総務課長二人を双葉町に向かわせた。二人は双葉町にある別の病院で救出していた自衛隊を見かけ、双葉病院への救援をお願いした。しかし、「受け持ちの隊が違う。そちらに担当を差し向ける」といわれ、再び双葉病院に戻った。

午後九時ころ、双葉病院に自衛官一人、警察官一人がやってきた。

「救援してほしい」

「今日は無理だ」

そうしたやりとりの後、自衛官らは、「明日の朝くる。午前中にドーヴィル、午後は双葉病院の患者を搬送する」といって帰った。

その夜も、ローソクを燃やし、点滴や痰の吸入などを続けた。

だが一三日朝になっても、救援は来なかった。病院と二〇メートル離れたドーヴィルの間を行き来しながら三人は待ち続け、交代で富岡町や川内村に足を伸ばして自衛隊や警察の車両を探した。

鈴木院長は午前一一時ころ、広域消防の赤いセダン車を見かけ、「双葉病院の者ですが、消防に救援を要請してほしい」と伝えた。

午後二時まで待ったが、それでも救援は来なかった。再び外に出た院長は、パトカーとすれ違った。すぐに車を下りようとすると、防護マスクをつけた警官がパトカーから、「出るな！」「中に入って窓を閉めて」と叫んだ。院長は、「双葉病院の院長だ。まだ救援が来ない。早くしないと患者さんが死ぬ。早く来てほしい」と頼み込んだ。

午後五時前、暗がりのなかを、双葉署の署長を乗せたパトカーがやってきた。無線で応援を要請しようとするが、通じなかった。

「院長、今日は無理だ」

「点滴で生きている人が死んでしまう。一二〇人が死んだら、あんたも俺も新聞に出るんだぞ」

「わかっています」

そんなやり取りがあった。

そのうち、パトカー六、七台も病院に集まってきた。署長は別の検問に出かけねばならず、「別の人を回す。事情はすべて話しておく」といって去った。すぐに別の警察官が来たが、救援の段取りがつかず、院長らは事務室、警官はパトカーやワゴン車の中で一夜を過ごした。

一四日午前六時前、「これから迎えに行くので準備するように」との連絡が入った。警察官は、「患者にも防護服を着せる必要がある」といって、持参した防護服を着せる作業に入った。

警察官は一〇数人、病院側は院長ら三人に、新たに出勤してきた医師一人が加わった。院長らも防護服を着て、互いに識別できるよう、白い服にマジックで名前を書いた。

院長らは、患者のオムツを換え、点滴を取り外す作業を始めた。

そのうち、自衛隊がやってきて、「防護服は必要ない」といった。まず警察がストレッチャーに患者を載せて出口まで搬送し、そこから自衛隊がバスに乗せるという分業体制で、避難を始めた。ここでドーヴィルの入所者九八人全員と、双葉病院の患者一三一人のうち、三四人がバスに乗った。

車はマイクロバスなど八台で、満員になり次第、病院を出発した。これが「第二次避難」である。

この時点で、末期肺がん患者ら三人が亡くなっていた。一緒にいた警察から、「自分たちが遺体を運びに来られないかもしれないので、患者の名前を紙に書いてベッドに置くか、患者のポケットに入れてほしい」といわれた。

最後のバスは午前一〇時には出発したが、後続は来なかった。自衛隊は隊長と、警察官約一〇人が残っていた。

残る患者は約九〇人。

バスを待つうちに、午前一一時過ぎ、ボンという音がした。もっとも院長はその音を聞いていない。後でわかったところ、第一原発三号機が水素爆発を起こしたのだった。

自衛隊の隊長は「オフサイトセンターに戻って指示を仰がねばならない」といって病院を出たが、その後二度と戻ってこなかった。一四日夜になっても、後続の救援はなかった。警察官は一〇人がワゴン車二台に分乗して待機した。

その夜一〇時、副署長から、「院長、緊急避難だ。すぐ車に乗れ」といわれ、院長らは警察のワゴン車二台に分乗して病院を出た。

カレンダーも時計も，あの日，あのときを指して止まっている（2011年12月）

警察はサイレンを鳴らしたまま、車内でも無言で、川内村に向かい、福島第一原発から二〇キロ地点に退避した。一行は、いったん緊急避難が解除されたため、再び大熊町に戻りかけたが、途中でまた緊急避難の指示が出て、引き返した。

一五日午前五時ころ、院長は副署長から、「今自衛隊が郡山を出る。ここで合流して病院に戻る」といわれた。しかし、午前一〇時になっても自衛隊は来なかった。副署長から、「自衛隊には病院のことは伝えてある。ここは自衛隊に任せるしかない」といわれ、鈴木院長はやむなく、関連病院のある、いわき市の病院に向かった。

五〇人が亡くなる

では、先に「第二次避難」をした人々はどうなったのか。

双葉病院の杉山健志医師は、二〇〇人以上の患者を連れて、「博文会」が経営するいわき市の別の病院に避難していた。すでに、その病院も第一次避難の患者で、満員状態だった。とても新たな患者を引き受ける余地はなかった。

一四日午後、「博文会」法人本部の横田桂一次長が、福島県障害福祉課から電話を受けた。第二次避難の車が「いわき光洋高校に向かう」と聞かされ、すぐに待ったをかけた。

「ちょっと待ってください。重篤な患者さんが多い。体育館ではとても無理です。すぐに病院を探してください」

「わかりました」といって電話が切れ、間もなくまた、電話があった。

「県立医大と会津若松の病院を入院先に確保した。しかし、車で患者を搬送中の自衛隊と連絡がつかない。いわき光洋高校に行って待機してくれ」

その後、また連絡があり、南会津病院のスタッフがいわき光洋高校に行くので、それまでの間、そちらの医師で対応してくれないか、と要請があった。

横田桂一氏ら医師とケースワーカーら五人が高校に向かった。待てど暮らせど、バスは来ない。夜の八時ころ、ようやくバスが着いた。しかし、双葉病院を出発してから一二時間以上もたっており、患者はぐったりとして、中には体の上下が逆さになったままの状態で座席に寄りかかる人がいた。付き添いの県職員に聞くと、大熊町の北にある南相馬市の県相双保健福祉事務所でスクリーニングを受け、福島、郡山市を大きく迂回してたどりついたのだという。

着いた時点でドーヴィルの入所者は九八人、双葉病院の患者三〇人。杉山医師によると、四人が南相馬の病院に入院した。バスは死臭がたちこめ、ドーヴィルの入所者二人、双葉病院の患者一人がすでに死亡。その後、双葉病院の患者二人が息を引き取った。

午後九時半から一一時にかけ、患者らを体育館に運び入れる作業をしていたときのことだ。杉山医師は、自衛隊員から「メルトダウンだ。すぐ建物の中に入れ」といわれ、一時作業を中断したという。

その後、南会津病院のスタッフが来て、一五日には第二次避難をしてきた人々を再び、福島、会津の病院に搬送した。

この大混乱のなかで、お年寄りの患者ら計一四人が、移動中や搬送先で命を落とした。病院内で亡くなった方、その後三月末まで震災関連で亡くなった患者さんを含めると、双葉病院で四〇人、ドーヴィルで一〇人の計五〇人になる。

「患者を見捨てた」と誤報

だが双葉病院の混乱は、正確に伝わらなかった。マスコミが一斉に、「病院が患者を見捨てた」と受け取られる誤報を流したためだ。

この報道は三月一七日、福島県災害対策本部がおこなった発表に基づいていた。対策本部は「双葉病院から、いわき光洋高校に運ばれた患者ら一二八人のうち、高齢の重症患者ら一四人が死亡した」と発表した。さらに残された患者を救出した自衛隊が双葉病院に行くと、医師や看護師ら病院関係者はいなかったと説明した。県本部は、「(病院が)患者を見捨てたととられても仕方がない」と指摘し、事実関係を調査すると報道陣に話した。

マスコミの多くは、その発表を流し、「双葉病院関係者は患者を見捨てて逃げた」という印象を広めた。

その後の続報にも、大きな点でいくつかの事実誤認があった。以下の点だ。

①一部報道は、第一次避難に立ち会った病院関係者が、その後、病院を離れたと伝えた。これは誤りで、鈴木院長らは、第二次避難に立ち会っただけでなく、その後も避難を続行しよ

う と最大限の努力をしていた。

②一部報道は、病院関係者がいなかったため、第二次避難の長期の移動で患者が亡くなったかのような印象を与えた。病院関係者が同行しなかったのは、後続の救援があると信じて居残ったからであり、一二時間以上もかかった避難の経過について病院側は知らされていなかった。

③いわき光洋高校に医師がいなかったという報道は誤りであり、実際に双葉病院の医師が待機していた。病院側は、避難所の高校では無理と県に警告し、県も搬送先の病院を確保したが、県が移動中の自衛隊と連絡をとれず、高校に搬送されてしまった。

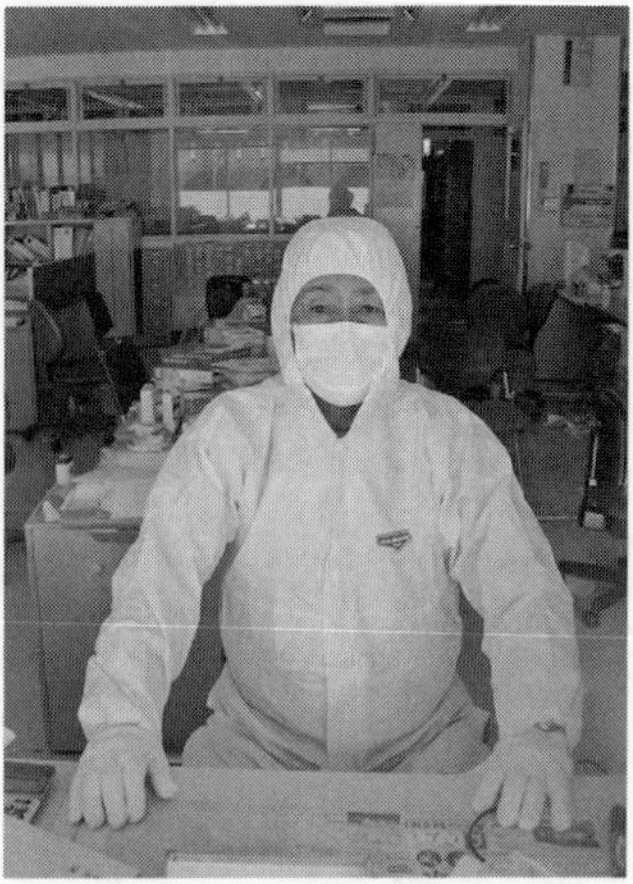
双葉病院で当時を振り返る鈴木市郎院長(2011年12月)

私は震災から一週間後、東北の被災地を取材している最中に、NHKラジオで双葉病院の犠牲者の話を知った。聞いたときは、高齢者を「見捨てた」という病院に対し、驚きと怒りを感じた。しかし、その後、県による調査結果が少しも発表されないことを不審に思い、七月以降、いわき市で何度も鈴木院長ら関係者にお目にかかって話をうかがった。一二月には警戒区域に入って、避難当時の現場がそのまま残っている双葉病院内を取材し、残留物やストレッチャーの位置などから、その証言に偽りがないことを確信した。

双葉病院については、NHKが一〇月二七日の「ニュースウォッチ9」で詳しい検証をするなど、当初の発表の誤りはただされつつある。だが、自衛隊や警察、消防、県や町の情報の行き違いや、すれ違いについて、まだ十分な解明はなされていない。病院側の名誉回復のためだけでなく、避難の過程で落命された方々のご冥福と、ご遺族のために、さらに詳しく検証が、なされるべきだろう。

2　事故の推移と対応

困難な検証作業

三月一一日の東日本大震災によって、福島第一原発で何が起きたのかを検証することは、今もって難しい。

一つは、原子炉の格納容器の内部を見ることができず、計器類の信頼度も安定していないため、得られた各種データをもとに専門家がシミュレーションをして、事故の状況を手探りするしかないためだ。このため、専門家によって見解は異なり、その最小限の共有仮説をとりあえず「事実」とみなすほかない。

もう一つは、東京電力や、原子力安全・保安院のデータ発表があまりに遅く、説明が二転三転しているためだ。東電は原発事故以前から、データを隠蔽したり、捏造したりすることを繰り返してきた。加えて今回は、政府が社会へのインパクトを見計らい、発表のタイミングに政治的配慮を加えた可能性もある。

事故については、菅直人政権が有識者による「事故調査・検証委員会」(委員長・畑村洋太郎東大名誉教授)を設置し、六月七日に初会合を開いた。これは「社会システム」「事故原因」「被害拡大防止対策」「法規制のあり方」の四チームから成り、一二月二六日に五〇〇ページを超す「中間報告」をまとめた。二〇一二年夏に最終報告を出す。畑村委員長の方針から、事故調は「責任追及は目的としない」ことになった。聴取の対象者には首相、閣僚も含まれるが、その協力を直接義務づける法律がないため、委員会の権限は今一つ、あいまいだった。

このため国会は九月三〇日、国会に民間の有識者一〇人から成る「東京電力福島事故調査委員会」を置くことを決めた。委員会には任意で参考人を呼ぶ権限しかないが、国会議員二〇人でつくる上部機関が、参考人を強制的に招致できる。偽証をすれば、罰則を科せられることもある。東電などが委員会で証拠の一部を公開しない場合も、国政調査権を使って再請求できる仕組みだ。さらに、「個人の責任追及も排除しない」としており、格段と権限は強い。英国などでは、こうした第三者委員会が多く設置されてきたが、日本の国会では初の事例になった。調査結果は半年後を期限に、衆参両院議長に提出される。

ここでは当面、信頼できると思われる三つの報告書をもとに、事故を振り返りたい。一つは、六月七日に政府が国際原子力機関（ＩＡＥＡ）に提出した「事故報告書」だ。これは暫定版だが、政府による初の報告書であり、国際的な信用性を問われる文書だ。二つ目は、野田佳彦政権になった後の九月一二日に、政府がＩＡＥＡに提出した「追加報告書」だ。六月の報告書以後の展開も織り込み、九部構成で五〇〇ページにわたる。いずれも首相官邸のサイトで読むことができる。

三つ目は、同じくＩＡＥＡが六月一七日にまとめた事故調査報告書だ。ＩＡＥＡ調査団は五月下旬から六月上旬にかけて現地を視察し、一六〇ページの報告書にまとめて各国に配布した。これは第三者機関による調査であり、日本側調査と比較検討することで、より複合的に事故をとらえることができる。

こうした文書をもとに、事故調査・検証委員会の「中間報告」の聴き取り結果も踏まえ、原発事故を振り返ってみよう。

何が起きたか

三月一一日午後二時四六分。福島第一原子力発電所では、運転中の一～三号機が、東日本大震災の発生で自動停止した。同時に、地震によって送電線が鉄塔に接触したり、受電設備が損傷したりするなどして、一～六号機の六回線の全ての外部電源が失われた。

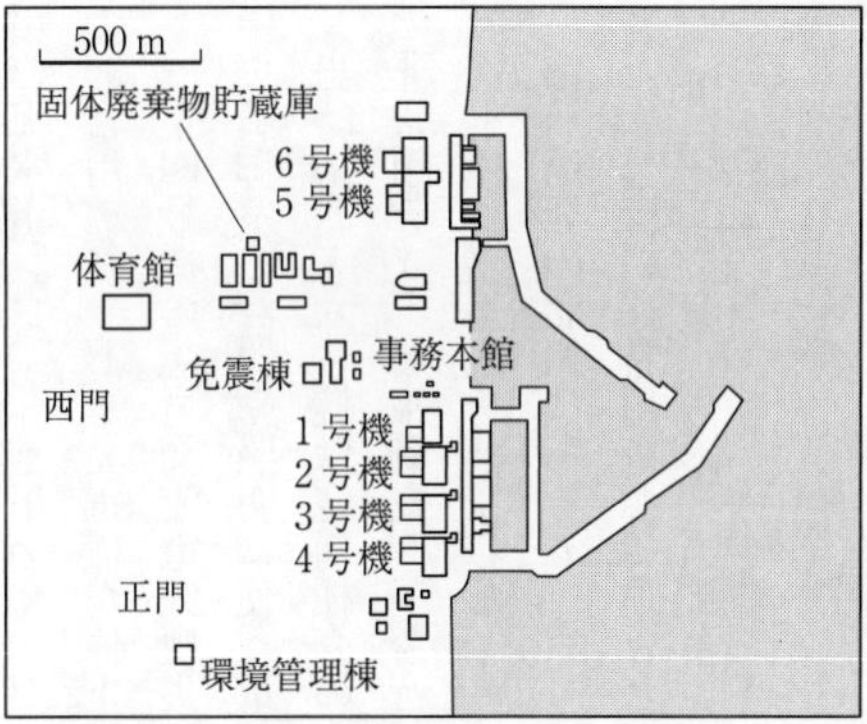

出典：「IAEAに対する政府報告書(2011年6月)」

図7　福島第一原子力発電所の施設配置

こうした緊急時には、すぐに非常用ディーゼル発電機が起動する。第一原発ではすぐに、非常用電源を使って冷却作業に入った。だがそこへ、午後三時二七分に高さ約四メートル、午後三時三五分にはそれをはるかに上回る津波が押し寄せた。

この大波は高さ一〇メートル以上に達したが、波高計が壊れたため、正確な水位はわからない。第一原発の敷地の高さは海面から一〇～一三メートルで、主要建屋敷地のほぼ全域が冠水した。このためIAEA調査団は、津波の高さを「一四メートル以上と見積もられている」とし、「中間報告」は「一五メートルを超える浸水高」と記している。津波で冷却用の海水ポンプ、非常用ディーゼル発電機や配電盤が水に漬かり、六号機の一台を除く一二台の非常用ディーゼル発電機が停止した。

一～四号機の「全交流電源喪失」である。これは原子炉や使用済み核燃料プールを冷やし、中央制御室の計器や照明に使う電気が、すべて途絶えることを意味している。

当時、四～六号機は定期検査のため、運転を停止していた。そのうち、六号機では、空冷式の非常用ディーゼル発電機一台と配電盤だけが高台の別のタービン建屋内にあり、かろうじて冠水を免れ、送電を継続した。

第一原発の北側にある五、六号機は電気ケーブルでつながっていた。五号機は、この唯一残った六号機の非常用電源で連係し、原子炉を冷却することができた。一～四号機も互いに電気ケーブルで結ばれ、電源を融通しあうことができる。だが、一～四号機と、五～六号機の間は結ばれていなかった。

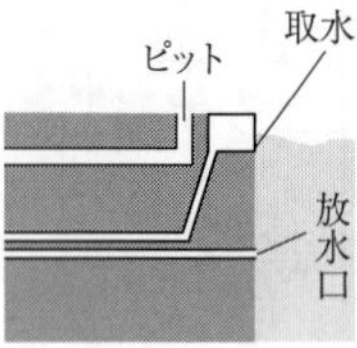

「冷やす」、「閉じこめる」に失敗

経産省資源エネルギー庁が編んだ「原子力二〇一〇」によると、一般に原発では「多重防護」という考えをとっている。これは、

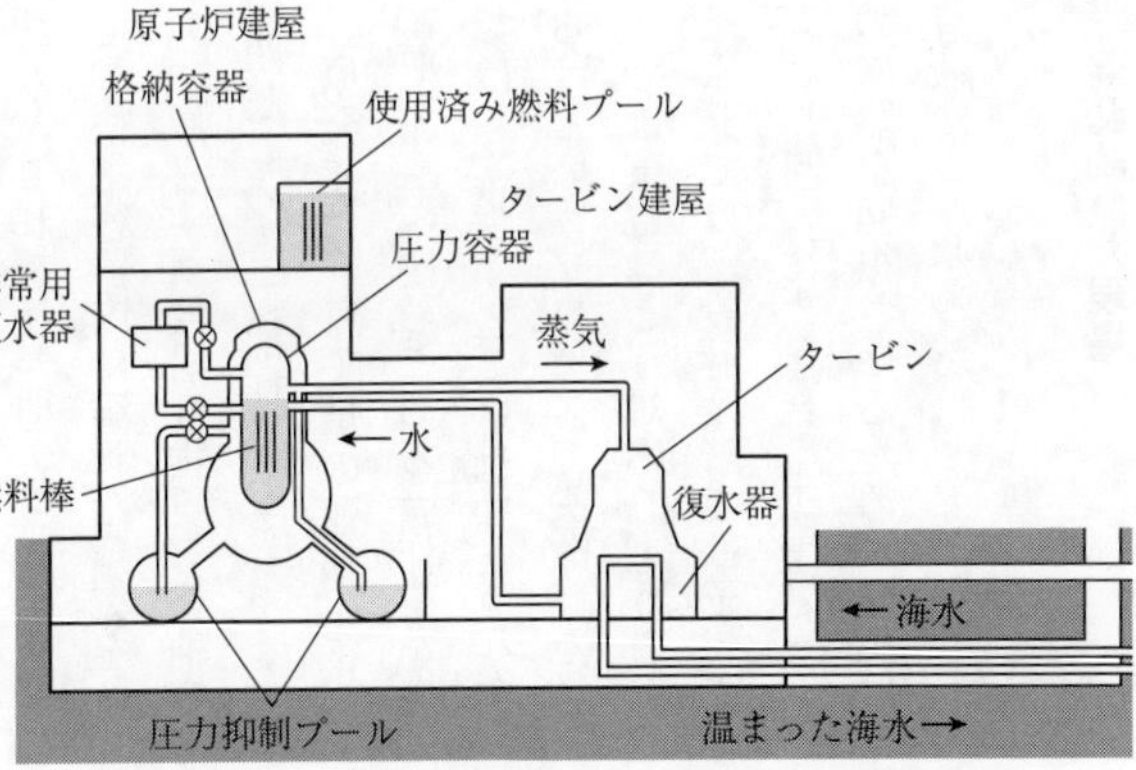

図8　福島第一原子力発電所１号機の設備の概略(側面図)

①まず異常発生を防ぎ

②異常が起きた場合には早期に検知し、事故に至らないよう異常の拡大を防ぎ

③事故が起きた場合にも、その拡大を防ぎ、影響を減らす

という三つのレベルで対策をとる、との考えだ。

①について原発は、原子炉建屋から燃料棒のペレットに至るまで「五重の防護」で放射性物質を遮断し、⑴余裕のある安全設計や、⑵誤動作や誤操作を防ぐために、「フェイル・セーフ・システム」や、「インターロック・システム」を採用している。

②では、⑴小さな異常を早期発見する自動監視装置などで拡大を防ぐ、⑵緊急時には多数の制御棒を入れて自動に停止する「原子炉緊急停止装置」を備えている。これがいわゆる「止める」という操作だ。

さらに事故が起きた③の場合にも、配管の破断などで冷却材が喪失する場合に備え、空だきを防止するための非常用炉心冷却装置（ＥＣＣＳ）があり、これを使って大量の水を炉心に注入し、冷却を続ける。さらに、「格納容器スプレー系」で、格納容器内に漏れた蒸気を冷却・液化して容器内の圧力を下げ、浮遊する放射性物質を大幅に減らす。放射性物質を格納容器内に閉じこめる基本原則だ。これが、いわゆる「冷やす」「閉じこめる」操作である。

原発では、原子炉の運転を止めた後も、燃料が崩壊熱を出し続ける。そのため、その後も「冷やす」「閉じこめる」作業を続けて、放射性物質の流出を避けねばならない。東日本大震災では、「止める」ことはできたが、電源喪失でＥＣＣＳが動かず、次の「冷やす」「閉じこめる」というプロセスで失敗した。

では東電はどう対応しようとしたのか。再び「政府報告書」に戻る。

原発では、設計段階では予想できない「過酷事故」に対し、マニュアルが備えられている。「報告書」によると、東電はこのマニュアルに従い、炉心冷却設備や、炉心への注水設備などの機器を回復させるため、緊急に電源を確保しようとしたが、結局、電源確保はできず、炉心溶融につながった。

混乱続いた現場

政府の「追加報告書」によると、三月一一日は平日午後だったため、緊急時の非常参集要員約四〇〇人は確保できたが、津波警報で協力企業の作業員は原発から退避し、残ったのはほとんどが東電社員だった。津波浸水や、その後も続く余震、暗闇での作業と、環境は苛酷だった。ふだん職員の間で使っていたPHS携帯は使えなくなり、各プラントと緊急対策本部をつなぐ通信手段は、ホットラインと固定電話だけになった。

対策本部では、各プラントの運転状況を示す「緊急時対応情報表示システム」(SPDS)で状況をつかみ、各プラントに指示することになっていた。だが電源喪失で各プラントからのデータ伝送ができなくなり、SPDSも使えなかった。

東電は一一日午後五時ごろ、全国の電源車を福島に緊急に送るよう指示したが、地震で道路が破損したり、渋滞に巻き込まれたりして時間がかかった。電源車の空輸を検討した自衛隊も、重量オーバーのため、断念した。

一～三号機では、電源喪失後にも一部残った冷却系が起動した。作業員は、手動でこうした装置を一時停止し、さらに再起動させながら、炉心を冷やそうと試みた。一号機の「非常用復水器」(IC)、二号機の「原子炉隔離時冷却系」(RCIC)、三号機のRCICと「高圧注水系」(HPCI)など、交流電源を使わずに蒸気やバッテリーなどで原子炉を冷やすシステムだ。

一号機では、これらの炉心冷却機能も停止した。「報告書」は、「しばらくICが断続的に機能していた」としていたが、「追加報告書」では、「津波襲来時にすでにＩＣ機能が喪失した可能性があった」と修正した。

さらに事故調の「中間報告」は、重大な事実を指摘した。全電源が喪失すると、放射性物質が漏れないように、全ての弁が「閉」になり、ＩＣは起動しなくなる。この「フェイル・セーフ」の原則を運転員が知らず、現場責任者も、東電の対策本部にいた幹部も見逃した、というのである。

このため、東電は一号機でＩＣが機能していると誤認し、ただちに代替注水の準備に入ることをせず、いたずらに時間を空費した。「中間報告」は、現場作業員がそれまで、一度もＩＣを実際に起動させる訓練をおこなったことがなく、先輩から教わった記憶を頼りに作動状況を確認しようとした、とも指摘している。

さらに「中間報告」は、三号機のＨＰＣＩについても、現場の判断で一三日午前二時四二分に手動で停止し、七時間近くも代替注水が遅れたことを「極めて遺憾」と指摘した。

こうして次々に「冷やす」機能が失われたため、東電は消防ポンプを用いた淡水、海水の「代替注水」に切り替えた。だがこの注水も困難をきわめた。政府の「追加報告書」によると、たとえば一号機の状態は次のようだった。原発には、電源が喪失しても使えるディーゼル駆動の消火ポンプや消防車が置かれている。中央制御室の監視計器は電源喪失で使えなかったため、作業員が暗闇の建屋に入ってディーゼル駆動ポンプを使う準備を進めた。しかし、いったん起動したポンプは一二日未明に停止し、再起動できなかった。

三台あった消防車も、一台は津波で故障し、一台は北側の五、六号機から移動できなかった。残る一台も、津波で流されたタンクが主要通路をふさぎ、すぐには移動できなかった。電動式で開閉する防護本部のゲートもあけられず、職員が探し回って二、三号機の間の通路を見つけ、施錠を壊してようやく進入ルートを確保した。水源の消火栓は水が噴き出して使えず、防火水槽を見つけて一二日午前五時四六分、消防車による注入を始めた。だが、防火水槽の容量にも限りがある。一二日午後二時五四分には、海水注入に切り替える準備に入り、応援にきた車両を含め、三台の消防車を直列につないで海水をくみ上げ、注水するラインを確保した。だが、このようなときに、水素爆発が起き、作業はまた振り出しに戻ることになった。

後でわかったことだが、一号機ではすでに、炉心の核燃料が水で覆われずに露出し、「炉心溶融」が始まっていた。溶融した燃料の一部は原子炉圧力容器の下部に溜まった。

事故の進展を予測

こうした事態は予測できなかったのだろうか。政府の「追加報告書」によれば、原子力安全・保安院は経産省別館に置かれた「緊急時対応センター」(ERC)で事故の進展を予測し、官邸の危機管理センターに送り続けた。政府はこれまで、「原子力安全基盤機構」を通して「緊急時対策システム」の整備を進めてきた。これはプラント情報をもとに事故の進展を予測するシステムだが、その情報がないため、機構は「事故挙動データベース」から、事故に近いデータを探してERCに送った。ERCは、この情報と、電話やファックスで入手したプラント情報をもとに、次のような予測をして、官邸地下にある危機管理センターに送った。

〔一一日午後一一時時点での二号機の事故予測〕
一一日午後一〇時五〇分　炉心露出
　　午後一一時五〇分　燃料被膜管破損
一二日午前零時五〇分　燃料溶融
　　午前三時二〇分　PCV（格納容器）設計最高圧到達

一号機については、機構が一二日午前一時五七分ごろ、ERCに情報を送ったが、これは官邸には送付されなかった。

三号機については、機構が一三日午前六時二九分ごろ、ERCに情報を送り、ERCは同六時五〇分ごろ、官邸の危機管理センターに報告した。その時点での予測は次のようなものだ。

一三日午前六時〜六時一五分　燃料被膜管破損
一三日午前八時〜八時一五分　燃料溶融（炉心損傷）

一〜三号機が「炉心溶融」

実際の結果はどうであったか。政府の「報告書」によれば、一号機では一四時間九分にわたって注水が停まり、すでに一一日午後五時ころには、炉心の水位が低下して燃料が露出し、その後、炉心溶融が始まった。

二号機では、手動でＲＣＩＣを起動させ、自動停止や手動での再起動を繰り返し、一一日午後一〇時以降、一四日正午ごろまで水位は安定していた。しかし一四日午後一時二五分ごろに水位低下が始まり、そのころにはＲＣＩＣが停止したとみられる。「報告書」は、そこから午後七時五四分までの六時間二九分にわたって注水が停まり、一四日午後六時ごろに燃料が露出して、その後炉心溶融が始まった、としている。

三号機では、ＲＣＩＣ、ＨＰＣＩなどで冷却を進めたが、前者は一二日午前一一時三六分、後者も一三日午前二時四二分に停止した。それから午前九時二五分に注水を開始するまで六時間四三分の間、注水が停まり、一三日午前八時ごろには燃料が露出して、その後、炉心溶融が始まった。

一号機についての「事故予測」は官邸には届いていなかった。二号機は、RCICが機能して、事故予測よりも長く、機能を維持した。三号機については、ほぼ予測通りに推移したことになる。

だが一四日午後六時を過ぎるころに、一〜三号機すべてが「炉心溶融」になるという事態は、国民にはまったく伝えられなかった。

水素爆発

この間、事態を深刻化させ、作業の中断を招いたのが「水素爆発」だった。

燃料棒が露出し、「空だき」になった炉心では、温度が一二〇〇度以上になると、燃料被覆管などのジルコニウム合金と水蒸気との化学反応で大量の水素が発生する。また、被覆管が損傷して、燃料棒内の放射性物質も圧力容器内に放出され、これが、水素とともに格納容器内に放出された。

格納容器も高熱により、気密を保つ部品と配管の接続部分に小さな穴ができ、蒸気がもれた可能性がある。穴から漏れだした水素が、原子炉建屋の上部に向かい、一定濃度の酸素とまじって起きたのが水素爆発だった。

この水素爆発によって、一号機の注水作業などが大幅に遅れ、二号機、三号機の冷却作業にも支障が起きた。さらに、大気中に放射性物質が大量に飛散し、圧力を下げるためのベント（排気）作業による放出と併せ、深刻な汚染をもたらすことになった。

一号機では三月一二日午後三時三六分、三号機では三月一四日午前一一時一分に、原子炉建屋上部で、水素が原因と思われる爆発が起きた。オペレーションフロアが破壊され、大量の放射性物質が大気中に放出された。

三号機の建屋の破壊に続いて、定期検査のために炉心燃料がすべて使用済燃料プールに移動されていた四号機でも、一五日午前六時ごろ、原子炉建屋で爆発が起き、建屋の上部が損壊した。またこの日午前九時三八分に、原子炉建屋四階北西付近で火災が起きた。

「報告書」は、四号機の爆発については、「三号機の排気管が、排気筒の手前で四号機の排気管と合流しているため、三号機のベントで排出された水素が、四号機に逆流した可能性がある」としている。この間、二号機でも圧力抑制室付近で衝撃音がし、水素爆発が起きた可能性があった。事故調の「中間報告」では「調査未了」としながらも、「二号機においても炉心が損傷したと考えられる」と述べている。

四号機、二号機の「爆発」について、東電は「追加報告書」のあとで、さらに解析を進めた。四号機については一一月一〇日、「三号機の水素が四号機の空調ダクトを逆流して建屋に充満し、四階空調ダクト付近で爆発が起きた可能性が高い」という見解を示した。また二号機については一〇月、「地震計の記録を分析した結果、水素爆発は起きていなかった」という見解をまとめた。だが、格納容器の圧力低下や、衝撃音の理由については説明しておらず、まだ実態は明らかではない(一〇月三日付朝日新聞朝刊の報道による)。

使用済燃料プール

電源の回復、原子炉容器内への注水と合わせて、現場で最も急がれた取組みは、一～四号機の使用済燃料プールへの注水だった。

「報告書」によると、当時、福島第一原発の使用済燃料プールには、一号機に三九二体、二号機に六一五体、三号機に五六六体、四号機に一五三五体、五号機に九九四体、六号機に九四〇体が保管され、共用プールにも六三七五体の燃料があった。

このうち、全電源を喪失した一～四号機では、プールの冷却や水の補給もできなくなり、崩壊熱による水の蒸発で水位が低下し、プールへの注水作業を続ける必要があった。

このうち、緊急性が最も高かったのは、原子炉から全燃料を取り出し、プールに貯蔵していた四号機だった。まだ崩壊熱が高く、すぐに注水しなければ水位が下がり続け、露出する危険性があった。

一五日午後一〇時に経産大臣は、原子炉等規制法に基づいて、四号機のプールへの注水を命令し、二〇、二一日に淡水を放水した。二二日からはコンクリートポンプ車による海水、三〇日からは淡水に切り替えての放水がおこなわれた。

一、三、四号機では建屋が破壊され、プールの水の蒸発が早い。一号機では、燃料の取り出しから約一年が過ぎ、崩壊熱は減衰していた。また、建屋が無事だった二号機では蒸発の速度が遅く、まだ余裕があった。

このため、緊急度の高い三号機のプールについては一七日、自衛隊ヘリによる上空からの散水、その後、警視庁機動隊の高圧放水車、自衛隊消防車による海水放水がおこなわれた。また、一九日から二五日にかけ、緊急消防援助隊として派遣された東京消防庁、大阪市消防局、川崎市消防局の消防隊により、海水放水がおこなわれた。

一号機プールに対しても、三一日からコンクリートポンプ車による海水、淡水の放水がおこなわれた。

共用プールについては一八日、ほぼ満水で、水温も五五度に保たれていることが確認されている。

防ぎえた事故

関係者四五六人から計九〇〇時間の聴取をおこなった事故調の「中間報告」を読むと、政府や東電の対応の甘さ、とりわけ原子力安全・保安院の機能不全が浮き彫りになる。

九九年のＪＣＯ事故をうけてできた原子力災害対策特別措置法によれば、事故が起きたときには政府が「原子力緊急事態」を宣言し、原子力災害対策本部を設置する。

その事務局は経産省の保安院が担い、経産省にある緊急時対応センター（ＥＲＣ）が、現地の司令塔であるオフサイトセンターなどの情報を集約することになっていた。

官邸は地下の危機管理センターに各省庁の「緊急参集チーム」を集め、ＥＲＣから送られた情報をもとに協議し、首相は原子力安全委員会などの助言を受けながら対応を判断する、という仕組みだ。

ところがこの仕組みが機能しなかった。福島第一原発では事故後、各サイトから固定電話などで送られてくるデータを所長が読み上げ、テレビ会議システムによって本店にリアルタイムで報告していた。官邸は東電との意思疎通が不十分だったため、一五日に政府と東電による事故対策統合本部を設け、現地のデータを即時に共有することになった。ところが、情報収集の要であるＥＲＣにテレビ会議システムは接続されておらず、ようやく導入したのは三月三一日のことだったという。

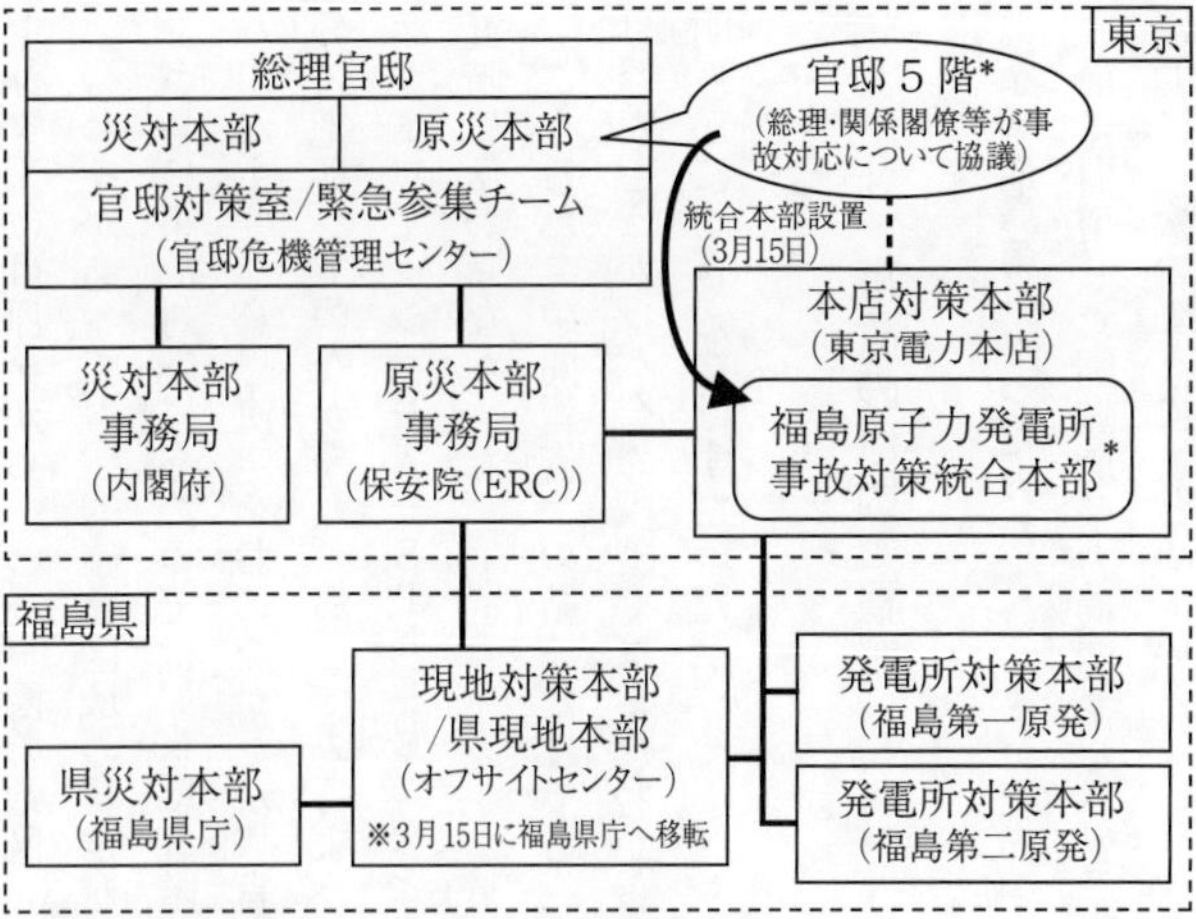

注：＊は法律等によって災害対応の際の制度的位置付けがなされていない組織
出典：事故調査・検証委員会「中間報告」

図9　福島第一・第二原発における事故対応等に関する組織概略図(2011年3月15日以前)

中間報告書はこの点について「ERCに参集していた保安院等のメンバーは、情報の入手・伝達に迅速さが欠けていると認識しながらも、東京電力が活用していたテレビ会議システムを設置することに思い至らず、職員を東京電力に派遣することもなく、積極的な情報収集活動を行わなかった」と指摘する。

また、原発から五キロの大熊町に置かれたオフサイトセンターは、放射線の除去フィルターを設けていなかったため、三月一五日には福島県庁に退避せざるをえなかった。現地の司令塔と、ERCがまったく機能しなかったことになる。驚くべきことに、オフサイトセンターには原発から一〇キロ圏の地図しかなかったため、避難指示にあたって市町村から問い合わせがあっても、的確な区域の特定ができなかったという。

さらに事故対応にあたっては、官邸五階に集まる首相や閣僚、原子力安全委員会などのメンバーが主要な意思決定をおこなったが、官邸地下の危機管理センターは、その決定の経過を十分に把握していなかった。あとでみるように、避難指示に必要な「緊急時迅速放射能影響予測ネットワークシステム」(SPEEDI)などの情報も、危機管理センターにまで到達しながら、五階に伝わらなかった。

こうした「中間報告」の結論だけでも、次のようなことが指摘できるだろう。原発事故が防げたかどうかは、今の段階ではまだわからない。しかし、事故の拡大と避難における混乱は、明らかに防ぎえたはずだった。

3　事故の原因と検証

なぜ福島第一だったのか

前に引用した国際原子力機関(IAEA)調査団の報告書は、福島第一原発で起きたことを、端的に、次のようにまとめている。

「福島第一は、津波により安全関連装置の大部分、そして六号機に電源供給するディーゼル発電機一台を除きすべての外部および内部電源を喪失した。これにより一、二、および三号機の原子炉、そして四号機の使用済燃料プールに対する冷却が失われた。さらに、他の安全関連設備の冷却が、利用不可能、または接近不可能となった。これらの結果として福島第一原子力発電所の四基での事故状態をもたらした」

そして、東京電力による対応の厳しさについては、次のように指摘した。

「地震と津波の影響に対するサイトにおける対応は、(特に福島第一にあっては)前例のない状況にあり、時にはサイト内外の作業員による並外れたレベルのリーダーシップと献身を必要とした。福島第一では、程度の差はあれ、圧縮空気他のサービスの完全かつ長期の喪失を経験したが、外部からの支援が期待できず、計測制御系もほとんどない状態の暗闇の中、六基の原子炉、六つの燃料プール、一つの共用燃料プール、そして乾式キャスク施設の安全を確保するための作業をしなければならなかった」

こうしたなかで、自らの危険を顧みず、ともかくも事態を収拾しようとした現場の作業員、自衛隊、消防、警察の献身と奮闘は、賞賛に値するものだった。これほどの難題を一度に突きつけられた事故は、過去にはなかった。ＩＡＥＡ調査団報告書は、その叡智と力の結集を「今回の事故の極限的状況を考慮すれば、事故における現場の対応は、取り得る最良の方法で行われた」と評価した。

だが、それとは切り離し、なぜこうした最悪の状況に立ちいたったのか、その原因と背景について、厳しく検証する必要があることは、いうまでもない。その論点を整理する前に、まずは他の原発の状況を振り返っておきたい。ＩＡＥＡ調査団は、福島第一だけではなく、他の二つの原発についても現地調査にあたった。事故が起きた福島第一にのみ目を奪われがちだが、他の原発の危機と対応を踏まえなければ、なぜ第一だけが過酷事故にいたったのかを理解できない、と思うからだ。

福島第二原発では

東日本大震災が起きたとき、福島第二原発では、サイトにある四基すべてが運転中だった。地震によって、全基は自動停止したが、四つの外部電源のうち、三回線は外部電源を喪失したか、定期保守状態で使えなかった(政府報告書によると、一回線は工事中、一回線は地震で停止し、地震の一時間後にもう一回線が使えなくなった。ただし、翌日午後には一回線が復旧し、以後は二回線による受電になった)。

地震の三七分後に最初の津波が押し寄せ、以後も何度か大波が襲来した。このため標高一二メートルの原子炉建屋にも浸水したが、その範囲は福島第一よりも小さかった。

この津波で熱交換器建屋、海水ポンプ、発電センターが浸水し、四基のうち三号機を除く三基で、炉心除熱機能と圧力抑制機能を失った。一号機では非常用電源も喪失した。

幸いだったのは、福島第一とは違って、外部電源、電源盤、直流電源が確保され、事態収拾の選択肢が多くあったことだ。三号機は最も被害が少なく、一二日午後零時一五分には冷温停止した。一、二、四号機は、最終的な除熱ができず、原子炉格納容器の下にある圧力抑制プールの水が一〇〇度を越えた。熱の逃し場へのルートが失われたためだ。

しかし、外部電源がいきていたために、原子炉隔離時冷却系(RCIC)や復水補給水系(MUWC)で炉心に継続的に水を送り、手動で炉心を減圧できた。発電所長は、熱の逃し場へのルートを確保するため、移動高圧電源車を要請し、一六時間をかけて長さ九キロを超える仮設電力ケーブルを敷き、一、二、四号機に接続した。

その結果、一号機については一四日午後五時〇〇分、二号機については同午後六時〇〇分、四号機については一五日午前七時一五分に、原子炉冷却材の温度が一〇〇度未満の冷温停止状態となった。こうして第二原発は、三基が除熱機能を失ったものの、過酷事故にはいたらず、危機を免れた。

IAEA調査団の報告書には「付録」として、団員による「調査所見シート」がつけられているが、あるシートには「第二の四基はすべて安全な状態に移行できたが、危機的なほど深刻な状態に近づいていた。第二の作業者は安全系への電源復旧のために数キロメートルにも亘りケーブルを敷設した」と述べ、福島第二原発も「深刻な状態」にあったことを指摘している。

この点についてIAEA調査団の報告書は、過酷事故対策として、「より長期的に冷却材を供給するための完全に独立した電力供給経路を敷設すること（九キロメートルの重い電源ケーブルを一六時間で敷設する作業を含む）が、苛酷事故の拡大を抑制する上で有効であることが福島第二原子力発電所において明確に実証された」としている。

関係者の判断が適切だったことに加え、過酷な条件下で重労働に耐えた作業員の奮闘が、間一髪の危機回避に道を拓いたといえるだろう。

東海第二原発では

茨城県那珂郡東海村にある東海第二発電所には、日本原子力発電が設置した原発一基が運転中だった。東日本大震災で、この原発は原子炉が自動的に停止したが、外部電源すべてを失い、自動的に三台の非常用電源が起動し、非常用機器への電源は確保された。

こうして原子炉は、自動起動したRCICで水位を維持し、逃がし安全弁（SRV）で圧力を制御することができた。

一方、地震の約三〇分後には、約五・四メートルの津波が押し寄せ、サイト内の低い地帯に浸水した。津波は、海水ポンプ室内の北側非常用海水ポンプエリアにも浸水した。そのため、非常用ディーゼル発電機用海水ポンプ三台のうち一台が冠水した。また、非常用ディーゼル発電機三台のうち一台が停止したが、他の発電機二台が稼動したため、かろうじて非常用電源を確保することができ、冷却を続けることができた。

北側非常用海水ポンプ室は、津波対策として側壁の嵩《かさ》上げ工事中だった。壁に開けられた電気ケーブル等を通すための小さな貫通部の封止工事が完了していなかったため、そこからポンプ室に海水が入ったとみられる。

一三日午後七時三七分には、外部電源一系統が復旧し、一五日午前零時四〇分、原子炉は冷却材温度が一〇〇度未満の冷温停止状態となった。

今回の事故について、東海村の村上達也村長は、一〇月二六日付朝日新聞朝刊オピニオン面のインタビューで次のように語った。

「実は東海村の日本原子力発電東海第二原発も、東京電力福島第一原発で起きた「全電源喪失」の寸前でした。地震の影響で外部電源がすべてダウン。非常用発電機でポンプを動かして原子炉を冷却しましたが、一時間後に押し寄せた津波があと七〇センチ高ければ、海水は防波堤を乗り越えて、すべての冷却機能が失われていたかもしれません。

二週間後にその事実を知り、背筋が凍る思いをしました。東海第二の場合、二〇キロ圏内に七五万人、三〇キロ圏内には一〇〇万人の人が住んでおり、県庁所在地の水戸市も含まれます。細野豪志原発相に「選択肢として東海第二の廃炉ということも考えるべきではないか」と問題提起したのは、こうした事情があったからです」

この村長の発言は、三カ月にわたって事故を調べた有識者による東海村原子力安全対策懇談会が、八月二五日に村長に提出した「諮問中間報告書」に基づいている。報告書は冒頭で、防波堤が六・一メートル、敷地高さ八・〇メートルの原発に高さ五・一〜五・四メートルの津波が押し寄せたことを指摘して、次のように指摘した。

「未曾有の巨大地震で茨城から宮城沿岸地域が被災し、原電東海第二原発も震度六弱の地震によって一時、全外部電源喪失、非常用電源三系統のうち一系統が冠水によって喪失し、津波があと七〇センチメートル高かったら福島第一原発の二の舞を演ずる可能性があり紙一重の危険にさらされた」

「原発継続」を前提にしない事故検証

先に見たように、今回の福島第一原発の事故をめぐっては、政府と国会に調査・検証のための委員会が設置され、独自に活動を続けている。すでにIAEA、政府も、東京電力の資料をもとに事故原因を調べ、緊急に実施すべき対策を打ちだしている。

ここでは、原発事故を検証するにあたって必要な視角を三点、指摘しておきたい。

まず第一は、事故原因の特定は、「原発継続」を所与の前提にしてはならない、ということだ。

たとえば車の事故究明にあたっては、その後も車を使用することを前提に、設計上のミスや個々の部品の性能、組み立て時の不具合や運転操作の正誤などを個別に洗い出し、事故原因への対策を、車のリコールや設計の改善、運転時の注意呼びかけなどに反映させるだろう。

大量の人員を運ぶ飛行機や鉄道でも、中立的な航空・鉄道事故調査委員会が、徹底的な原因究明によって、その後の再発防止、安全性の向上に役立てることになっている。米国では、責任追及よりも安全重視を優先させ、関係者の過失責任を問わずに、正確な情報が集まるようにしている。こうした事故原因や防止対策は、国際民間航空機関（ＩＣＡＯ）などに報告され、事故の再発防止に役立てられる。

もちろん、事故を起こしたからといって、すぐに飛行機や鉄道の使用を取りやめる、という選択はありえない。利便性を考えれば、運行を続けながら、リスクを極小化して安全性を向上させながら使い続ける、といった道しかないだろう。

しかし、原発事故を、これと同じ次元でとらえてよいものだろうか。今回のように、ひとたび事故を起こすと、原発は膨大な数の居住者に長期にわたる避難を強いるだけではなく、土壌汚染や食物摂取などの内部被曝で、将来の世代にまで消しがたい災厄を与え続ける。交通機関なら、リスクを引き受ける利用者のみが使えばよいが、原発事故で、実際にこうした被害を受けるのは、直接には原発がもたらす電力の受益者とは限らない。

さらに、他の巨大システムとは違って、原発は、それ自体が核廃棄物を生み出し続け、その最終処分について、まだ脱出口は見つかっていない。いわば、最終の解を空白にしたまま、周辺から隙間を埋めていく技術システムだ。世代を超えて放射能を発し続ける核廃棄物は、いずれ時間が経てば、技術水準が上がって解決手段が見つかる、という悠長な見通しを許す代物ではない。

頻度は少ないが、いざ起きれば巨大な被害をもたらす原発のリスクと、原発がもたらす利便性を、秤にかけること自体が、間違っている。後者が代替可能であるのに対し、前者は、代替不能な、かけがえのない命や郷土、将来世代の人生そのものを左右するからだ。その選択にあたっては、原子力の技術的、専門的な知見だけでは、判断はできない。脳死を「死」とみなすかどうかについて、哲学者や宗教家の知見が重要な役割を果たしたように、原発を必要とみなすかどうかについては、文明論や、哲学の議論が、どうしても必要になってくる。

ＩＡＥＡは、核兵器の拡散を防止する一方、「平和的利用のための原子力の研究、開発及び実用化を奨励し、援助する」国際機関である。原発の安全性についても、各種の国際的な安全基準や指針を作成し、普及につとめてきた。だが、その前提はあくまで、原子力の平和利用を奨励し、援助することにあり、「脱原発」という選択肢は想定していない。今回のような過酷事故が起きても、事故原因を特定し、それを今後の事故防止対策に役立てる、という発想しか出てこない。「原発事故は防げる」という前提そのものを疑う立場が、あらかじめ排除されているのだ。

同じように、原発を推進する人々は、「事故は防げる」という前提のもとにミスを特定し、改善する道を歩む。たとえば前にあげた原子力安全基盤機構は〇九年に、「巨大システム事故・トラブル教訓集」をまとめた。これは原発にとどまらず、〇三年二月に起きたスペース・シャトル「コロンビア」の空中分解など、宇宙開発や航空、鉄道、化学などの巨大システムが失敗した九八事例をとりあげ、「装備・設備」「人間」「組織」の三要素と、要素間のインターフェイスにわけて失敗の原因を分析している。これはこれで、大いに参考にはなるが、原発を「制御可能」な他の巨大システムと同一視している点では、ＩＡＥＡと変わりない。

かりに訓練や監視、罰則、多重防護によって、ヒューマン・ファクターによるミスを極小化しても、自然による外部ハザードやテロを完全に制御することはできない。日本で原発が実用化したのは、たかだか四〇年に過ぎず、今回の津波のように、数百年、数千年単位で起きる自然災害の予知は、今のところ不可能である。

ＩＡＥＡの調査や、ＩＡＥＡに対する政府報告が、万全の保証とはいえないことを、まずは念頭に置きたい。

真の原因追求

第二は、今回の事故では、全電源喪失のために計器類の情報が失われたり、計器が誤作動をしたりしたこと、その後も高い放射線のために現場や炉心に近づくことができず、シミュレーションによって推測するしかない場合が多いことを、忘れずにいたい。

今回の事故では、津波による電源喪失と冷却機能の不全によって、過酷事故を招いた、というシナリオが一般的だ。このシナリオによれば、津波対策と電源車の配備、冷却機能の保全などを図れば、事故対策としては十分、という結論になりかねない。

だが、もし事故が津波だけでなく、地震によっても影響を受けた結果であるとしたら、結論は変わるだろう。

原子炉圧力容器の設計に携わった経験のある田中三彦氏は、事故発生の当初から、その疑問を呈してきた。政府の報告書が出た時点で書かれた岩波新書『原発を終わらせる』所収の論考「原発で何が起きたのか」のなかで田中氏は、「どんなシミュレーションであれ、その結果は、ひとえにどのようなデータを入力したかにかかっている」と書いている。

田中氏は、地震動によって圧力抑制機構が一部破壊され、機能を喪失したり、各種の配管が破断したりした可能性を指摘している。だが東京電力は、あくまで原子炉圧力容器や格納容器、配管が、地震に対して磐石であったことを初期状態にして、シミュレーションをおこなっている。「シミュレーションで再現できない都合の悪いデータ」は切り捨て、「都合のよいデータ」だけをことさら強調する。それでは、本当の意味での検証にはならない、と田中氏は主張する。

かりに津波だけでなく、地震動も今回の事故の原因だとしたら、「事故対策」は広範にわたり、全原発の立地条件や耐震対策を見直さねばならないだろう。そもそも、巨大地震が頻発する列島に、数多くの原発を置くことのリスクも、考え直さねばならない。

このように、「事故原因」の特定は、その後の「対策」のありようや範囲を規定し、方向づける。今回のように、直接得られるデータに限界がある場合には、「特定」のプロセスそのものを、慎重に吟味しなくてはならないだろう。

ベントと水素爆発

第三に、個別の論点として特に指摘しておきたいことがいくつかある。

まず大きな問題は、ベント(排気)作業と水素爆発の関連だ。放射性物質の大量放出は、この二つの結果引き起こされたが、その関連性について、これまでの調査では今ひとつはっきりしない。具体的な疑問は、なぜベントが遅れたのか、もしベントの着手がもっと早ければ、水素爆発は防ぐことができたのか、という問題である。これは国会の質疑でも、しばしば取り上げられた。

たとえば、五月二三日の衆議院東日本大震災復興特別委員会で、自民党の谷垣禎一総裁は、次のように質問をした。

「震災当日の一一日の二二時ごろ、保安院は、ベントを実施する必要があるということを官邸にも進言された。しかし、結局、ベントが実施されたのは、半日以上たって、翌日の午前一〇時一七分であった。（略）私は、率直に申しますと、総理のこの視察がベント実施の大きな障害となっておくれを招いたのではないか、こう考えております。これが要するに岐路となって後の水素爆発を招き、そのことが後の安定に持っていくのに極めて大きな障害となった、被害の拡大を招いたのではないか」

これに対し、菅直人総理は、おおむね次のように答えた。

「私を含め、経産大臣、官邸に詰めていた東電関係者、原子力安全・保安院そして原子力安全委員会、これらの皆さんは、一致して、ベントを急ぐべきだということで、その場から東電関係者にそのことをきちっと伝えるようにということで何度もそういう行動をとった。ですから、ベントがおくれた理由は、いろいろ技術的な問題等があったのかもしれませんが、少なくとも私の視察とは全く関係がありません」

これは、「菅総理の現地視察がベントを遅らせたのではないか」と、その対応のまずさを批判する野党側と、「官邸は当初からベントを指示した。現地視察によって、ようやく対応が本格化した」と反論する総理側の、政治的な責任をめぐる攻防を示した議論だった。

政府の報告書には、現場におけるベントの技術的困難性や、周辺住民の避難の確認などについては触れているが、官邸と東電、現場とのやりとりや、ベントと水素爆発がどう関連したかについて、詳細な説明はなされていない。報告書では以下のように、いずれにも問題があったことは認めている。

「原子炉建屋に水素が漏えいして爆発するような事態を想定しておらず、原子炉建屋における水素対策はとられていなかった」

「今回の事故では、シビアアクシデント発生時の格納容器ベントシステムの操作性に問題があった」

とりわけ、事故の拡大、深刻化を招いた水素爆発については、さらなる検証が必要だろう。

情報公開

もう一つの大きな問題は、情報の公開のありようだ。原子力安全・保安院と原子力安全委員会が、福島第一原発について、国際的な評価尺度(INES)で最悪の「レベル7」に引き上げたのは、事故から一カ月もたった四月一二日のことだった。一九八九年のチェルノブイリ事故に匹敵するスケールであることを知らされていれば、多くの住民や国民の行動はかなり違ったものになっていたろう。

さらに、「炉心溶融」(メルトダウン)にいたっては、東電が福島第一原発の一〜三号機のすべてで起きていたことを認めたのは、震災から二カ月以上が過ぎた五月二四日になってのことだった。マスコミや専門家、外国の研究所が当初から炉心溶融の可能性を指摘していたが、これについても東電は、「データが得られていない」などとして公表を避け、政府も黙認していた。先に書いたように、炉心溶融の「事故予測」については、発生当初から官邸に届いており、その後の経過をみれば、政府がその結果を知らなかったとは考えられない。

あとで見るように、原子力安全委員会がもっていた、避難行動の目安となる「緊急時迅速放射能影響予測ネットワークシステム」(SPEEDI)の結果についても、全面的に公表されたのは五月二日になってからだった。発表した細野豪志首相補佐官は「前日まで存在を知らなかった」といい、公表しなかった理由を「すべて公開することで国民がパニックになることを懸念した。きちんと開示すべきだった」と説明した。たしかに、情報の開示にあたっては、いたずらな動揺を防ぎ、冷静さを保つなどの配慮が必要なことはいうまでもない。だが、政府は少なくとも、その予測を避難計画にいかして指示をし、その後に計画の根拠となった予測を示すことができたはずである。

第6章　原発避難

1　原発避難の現実

「縮図」南相馬へ

勇壮な「相馬野馬追」の祭りで知られる福島県南相馬市は、福島第一原発の事故で、市が五つの避難区域にわかれる全国で唯一の自治体になった。「原発避難」の縮図である。

私がはじめて南相馬を訪ねたのは二〇一一年五月中旬だった。そこには、にわかに信じることができない情景が広がっていた。

南相馬は、歩いて回るには、市内が広すぎた。市役所近くで自転車店が開いているのを見つけ、レンタ・サイクルをしていないかどうかを、尋ねてみた。店主が、「いいよ」といって、古い自転車を出してくださった。

「じゃあ」と手をあげて、ご主人がそのまま店に入ろうとするので、「すみません、保証金とか、連絡先とか、書類に書き込まなくていいんですか」と声をかけた。「いいよ、信用すっから」。それが答えだった。

名刺を差し出すと、立ち話になり、やがて店内に引き入れられて長い世間話になった。

以下、店主の山崎孝雄さん(七三歳)と、店に居合わせたその友人、国分勝輝《こくぶん》さん(七二歳)の話である。

山崎さん「いやあ、放射能に色がついてたらなあ、こんなに心配しなくてすむのにさ。ここは「緊急時なんとか」といってね、学校はあるのに、子どもたちはスクール・バスで別の学校まで行く。市立病院だって、器具や病室はそのまんまあるのに、入院はできないっていう。かわいそうなのは、透析患者だよ。私の妹の亭主が透析患者でね、相馬市の病院に行ったら、もういっぱいだと断られた。結局、福島市まで行ってようやく透析ができた。透析っていうのは、二日ともたない。またすぐに受けなくちゃいけないから、福島に家を借りることになった。借り上げといったって、光熱費は自前だし、なんだかんだで月に一五万円はかかる。こっちの家は無事だったが、息子は仕事があるので、別々に住んでいる。私の知り合いの透析患者の人は、関東までずっと探しに探して、一七日間、結局受けられず、「俺はもう、いい」って、ここに戻ってきて亡くなった。かわいそうにねえ」

国分さん「五月はじめまで、地元の福島民報と民友の新聞が市役所に何束か届いてね。おれもみんなと列を作って新聞を受け取った。朝の五時半か六時くらいから、何時間も待ってね。

一カ月は通ったかな」
山崎さん「原発ってこんな近くにあるとは夢にも思わなかった。三号機が爆発したとき、花火みたいな音が聞こえた。重低音でドーンってね」
国分さん「こりゃ、だめだ、となった」
山崎さん「収束まで一〇年、二〇年か。この店もおしまいかもな。隣は眼科だけど、お客さんは四分の一に減ったそうだ。しかも入院できないから、一日二日の入院が必要な白内障なんかでも、患者は仙台に行かなくちゃいけない。骨折でもしたら、まずは隣りの相馬市だが、いっぱいで断られたら、仙台に行くしかないだろうな。なにせ、南に行く道路は、避難区域になってるから通れない」

南相馬市で自転車店を営む山崎孝雄さん(右)と友人の国分勝輝さん(2011年5月)

国分さん「常磐線も当分は無理だろう」
山崎さん「緊急時っていうのは何だろうね。また緊急時が来るっていう意味か、それとも念のためなのか、さっぱりわからない。放射能の影響は一〇年、二〇年後に出るという。俺たちなんか、そんなに長く生きられないから、ふつうの病気で死ぬべ。でも次世代はどうなるか。この町もあれから、静かーな夜の町になったな」

学校があるのに、子どもたちは別の学校に通う。病院はあるのに、入院はできない。これはいったい、どういうことなのか。頭が混乱した。南相馬市議の鈴木昌一さんに、事故からの経過をうかがって、ようやく、その意味がのみこめた。事故からしばらく、政府による避難の指示がどのような経過をたどったのか、ここで振り返ってみよう。

三月一一日午後八時五〇分　半径二キロの住民に避難指示
一二日午前五時四四分　半径一〇キロ圏内の住民に避難指示
　　午後三時三六分　一号機水素爆発
　　午後六時二五分　半径二〇キロ圏内の住民に避難指示
一三日午後三時二七分　三号機でも水素爆発の可能性
一四日午後二時一二分　屋内退避の住民に、二〇キロ圏外への待避再開を指示
一五日午前一一時〇〇分　半径二〇〜三〇キロ圏内の屋内退避指示
二五日午前一一時四六分　二〇〜三〇キロ圏内の「屋内退避」の市町村に対し、住民の自主避難を要請したと発表

孤立した中心部

北に相馬市、南に浪江町と境界を接する南相馬市は、いわゆる平成の大合併で、二〇〇六年、一市二町がひとつになって生まれた。

北の鹿島町、中心部の原町市、南の小高《おだか》町がそれである。今はそれぞれ鹿島区、原町区、小高区と名前を変え、ようやく市の一体化が進みつつあるところだった。だが皮肉にも政府による避難指示は、南相馬を合併前の一市二町に三分することになった。

一二日に一号機の水素爆発が起き、半径二〇キロ圏内の住民約二万人への避難指示があってから、原発に近い小高地区の住民は、北の原町区、鹿島区に殺到した。集会所や公会堂に人があふれた。市は不安に駆られる市民の要請にこたえ、一五日以降は七〇〜八〇台の避難バスを仕立てて市民を県内外に逃した。一五日に屋内退避指示が出てからは、物流が滞り、極端な物資不足が続いた。

市では、ガソリン不足を解消するため、タンクローリー七台の搬入を要請したが、業者は三〇キロの待避圏内には入れないというので、市内業者の運転手が郡山サービスエリアまで出向き、運転を引き継いで市内に持ち込んだ。一六、一七日は避難のために一人一〇リットルのガソリンを無償で配給した。しかし、外からの物流が途絶えてコンビニやスーパーも閉まり、食

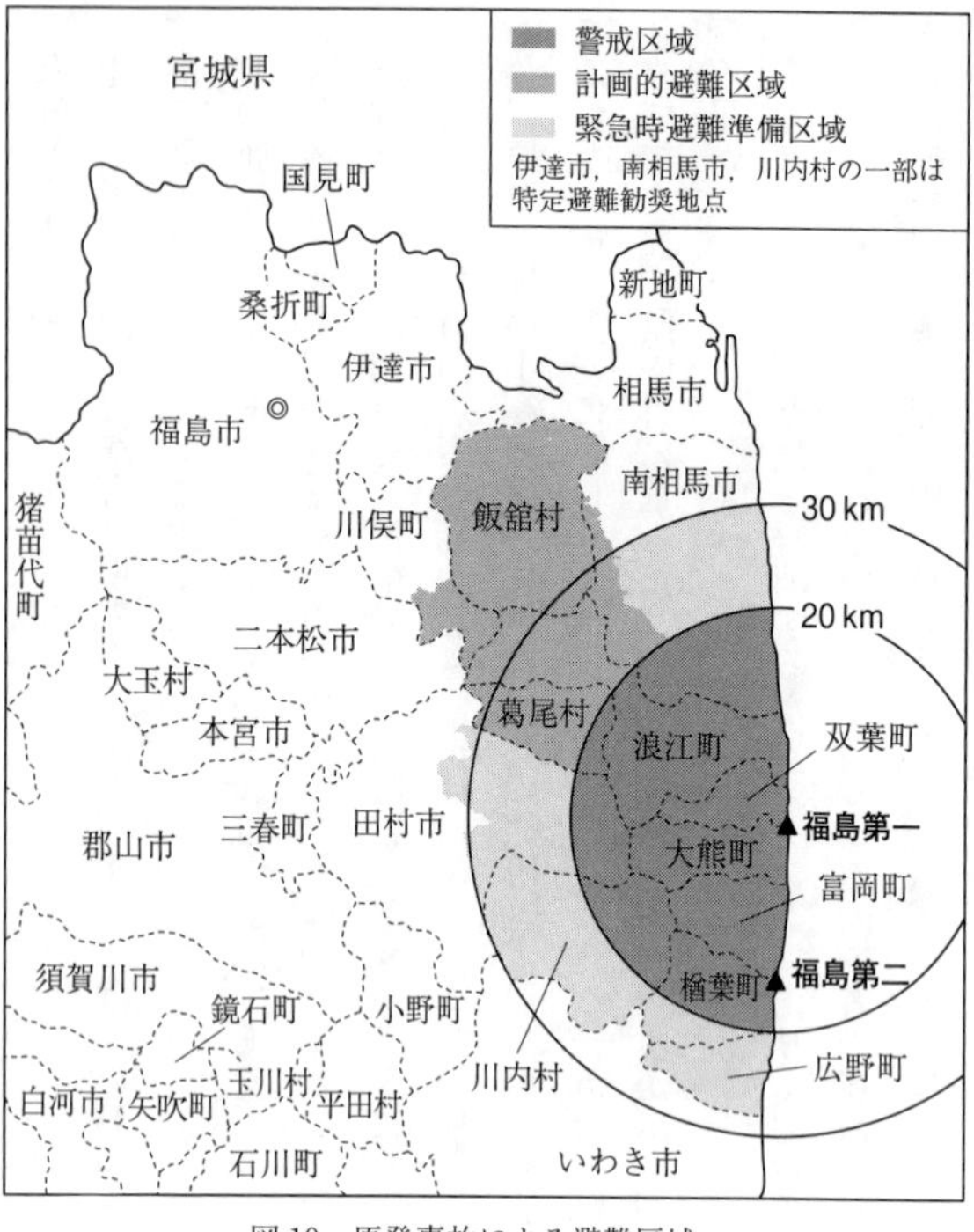

図10　原発事故による避難区域

糧を買うのも困難だった。

マスコミの記者は一五日、三〇キロ圏内から一斉に退去した。新聞も配達されず、郵便配達もストップした。物資を運ぶトラックは、三〇キロ圏内に入ることを敬遠した。支援物資は、三〇キロ圏外にある市場を借りて受け入れた。七万一〇〇〇人の人口は一時、約二万人まで減少した。

スーパーが開き、物資が次第に市内に出回り始めるようになったのは、ようやく五月の大型連休前後になってからだ。放射線の情報が細かく提供されるようになり、市民は少しずつ戻るようになった。

だが、政府は四月二二日、二〇～三〇キロ圏内を「緊急時避難準備区域」に指定した。その際、それまでの「屋内待避」は解除したものの、「自主避難」をどうするかについては、明確にしなかった。

「原子力災害対策本部」による五月一七日付け文書での「緊急時避難準備区域」の定義は、このようになる。

「四月二二日には、一部の積算線量が高くなるおそれがある地域を計画的避難区域と設定する一方、二〇キロから三〇キロ圏内の地域のうち、計画的避難区域を除く区域に対しては屋内退避を解除することとした」

「しかしながら、未だ安定していない事故の状況を踏まえ、緊急時において速やかに当該区域から避難あるいは屋内退避が可能となるよう準備を行う必要があると考えられる区域を「緊急時避難準備区域」と設定することとした」

「緊急時避難準備区域においては、緊急時における屋内退避や避難が可能な準備を行うことを前提に、同区域内で、勤務等のやむを得ない用務等を行うことは妨げられない。一方で、緊急時における速やかな自力での避難が困難と考えられる子どもや高齢者、入院患者等については、引き続き、当該区域に入らないことが求められる」

簡単にいうと、こうなる。

この地域では「屋内退避」を解除したが、緊急時には「避難」や「屋内退避」をする必要があるので、その準備をする必要がある。勤務などはしてかまわないが、自力避難が難しい子ども、高齢者、入院患者らは、この区域に入らないよう求められる。

そのような前提で、学校は開かれず、特養は閉鎖され、病院は外来のみに限定する、という方針がとられた。また、この地域で仮設代わりの民間住宅借り上げは認められるが、投資がむだになる恐れがあるため、仮設住宅の建設も認められない。

人口七万一〇〇〇人のうち、五月中旬には四万人が戻って住んでいた。冒頭の山崎さんと国分さんの会話は、そうした当時の事情を物語るものだった。

もう一度整理してみよう。

政府が「緊急時避難準備区域」を設定した四月二二日から、解除する九月末まで、南相馬市は、合併前の三市町域に分断された。

小高区　半径二〇キロ圏内の「警戒区域」で、立ち入りを禁止

原町区　半径二〇～三〇キロ圏内の「緊急時避難準備区域」で、制限された生活

鹿島区　半径三〇キロ圏外で、通常の生活ができる

さらに、南相馬市で飯舘村と浪江町に隣接する森林地帯が、三〇キロ圏外であっても、避難の対象になる「計画的避難区域」に指定され、八月三日には、市内七地域七二世帯が、局所的に避難を促す「特定避難勧奨地点」に指定された。冒頭に、南相馬市が、「五つの避難区域にわかれる全国で唯一の自治体」と書いたのは、その意味である。

学校では

今回の避難で、事態をわかりづらくしたのは、「緊急時避難準備区域」である。「警戒区域」や「計画的避難区域」は、原則として立ち入りが禁止される。しかし、実際に数万人が暮らす「緊急時避難準備区域」では、大勢の人々が不便を強いられた。

他の被災地では、どこでも、新学期の始まりに合わせて、小中学校の避難所を他の施設に移し、統合した。児童・生徒の教育を優先させるためだ。ところが、南相馬ではまだ、小学校が避難所に使われていた。「緊急時避難準備区域」では、小中学校が無事でも、開校できないためだ。そこで、原町区の子どもたちは毎朝、避難所の小学校の校庭に集合し、そこから北の鹿島区の学校に通う、という異様な状況になった。子どもたちが住めない、というのなら、まだ

わかる。「異様」というのは、実際に子どもたちが暮らしているのに、地元の学校に通えないからだ。

青木紀男《としお》教育長によると、震災前の南相馬市の学校はこうだった。

小高区　小学校四、中学校二　児童・生徒総数の一七％（警戒区域）
原町区　小学校八、中学校四　約六八％（緊急時避難準備区域）
鹿島区　小学校四、中学校一　約一五％（指定なし）

四月になって、避難していた市民がぽつぽつ帰り始めた。企業や店舗も従業員を呼び寄せ始め、児童・生徒の保護者も戻ってくる。祖父母が避難先で面倒を見られればよいが、そうでなければ子どもも一緒に帰る。妊産婦や子どもの健康が心配だが、保護者の勤務などやむをえない事情を抱えた人も多い。

ふだんは四月六日に入学式をおこなうところを、二二日まで延期し、準備を整えた。二〇キロ圏内の「避難区域」はもちろん、「緊急時避難準備区域」でも、小中学校は開校できない。そこで、三〇キロ圏外の鹿島区にある小学校三校、中学校一校に、学校を統合することになった。小高区と原町区の児童・生徒数は、併せて全市の八五％にあたる。それが、一五％の鹿島区に集中することになった。

もちろん、校舎は足りない。そこで体育館を仕切ったり、複数学校の同じ学年の児童・生徒を統合するかたちで、授業をはじめた。

震災前は、南相馬には小学生が約四〇〇〇人、中学生が約二〇〇〇人いた。五月下旬は小学生が約一二〇〇人、中学生が八〇〇〜九〇〇人だった。

つまり、全児童・生徒総数の三分の一、約二〇〇〇人での再スタートとなった。

「緊急時避難準備区域」の原町区では、毎朝八つの小学校、四つの中学校に集まり、午前七時一〇分発の「早組」スクール・バス一八台で学校に通った。そのバスが再び戻り、八時一〇分発の「遅組」バスとなって、別の子どもを運ぶ。夕方も同じような二組編成で子どもたちを送り返す。北の相馬市に避難している子もいるので、そちらにも駅前に二台のスクール・バスを派遣しているという。

「体育館は照明が暗く、冷暖房もない。これから暑くなる季節をどうしのぐか。心のケアの問題も、考えていかねばならない」と、青木教育長は話した。

関係者のご苦労には頭がさがる。ここまで苦労しても、まず次世代の教育を大切にする、という熱意が、このシステムを支えているのだ。だがその一方で、ふと疑問も感じた。子どもたちは、いろいろな事情で緊急時避難準備区域の親元で過ごさざるを得ないのが現実だ。子どもたちは政府が定義した「危ない地域」に住み、「比較的安全な地域」に通う。そこには、「安全性」の建前と、暮らしの「現実」の分裂があるのではないだろうか。

病院では

病院の実態はどうなっているのだろう。原町区高見町にある南相馬市立総合病院を訪ねた。驚いたことに、正面玄関は閉まり、外来患者は通用口から出入りするようになっていた。一階入り口には職員が座り、出入りをチェックしている。

「この市立病院は外来を受け付けているだけです。入院は認められないので、業務は縮小しました」

小澤政光事務部長にお目にかかって、うかがった経過は次のようなものだった。

震災前に南相馬市には、二つの市立病院があった。小高にある市民病院は病床数九九床。六割がお年寄りで、三人の医師が常駐していたが、療養病院に近く、経営が悪化していた。原発から半径二〇キロ圏内にあるその市民病院に一二日、避難指示が出され、原町にある市立総合病院は受け入れ態勢に入った。

市立総合病院は二三〇床。一六診療科を一六人の常駐医師、約二〇〇人の看護師で支える中核病院である。

一一日は、けが人や避難者が病院に殺到し、通路にまで人があふれ、野戦病院のようになった。津波による患者を約三〇人受け入れた。小高の市民病院からの搬送に備えて自主退院などを促し、患者数を一二日には計一四九人まで減らして、一三日には小高から六八人の患者を受け入れた。しかし、一五日には屋内退避の指示があり、市立総合病院も、県内外へ患者を搬送する必要が出てきた。

小澤事務部長によると、文書ではないが厚労省から県に指示があったのだという。救急車やバスなどで一七日から続々と転院し、二〇日に入院患者はゼロになった。

小高の市民病院の医師三人は、病院再開のめどがたたず、退職した。市立総合病院でも、八人の医師が辞職して他病院に移り、四人だけが残った。看護師五〇人も残ったが、交代で避難所のお世話などをしている。

市立総合病院では四月二日から、外科と内科の外来を受け付けた。一日の外来は一〇〇人前後だという。

半径三〇キロ圏外には鹿島厚生病院があるが、医師は四人。大きな被害を受けた相馬市の病院も、受け入れ能力があるかどうかわからない。結局、救急患者や入院患者は、仙台市か福島市に頼るしかないが、前者も被災し、後者は山道をたどらねばならない。

市立総合病院が正面玄関を閉ざしているのは、「いざというときに、自力避難しやすいように準備をしている」ためだという。

それは、「お年寄りや子供、入院患者ら、自力で避難が困難な人々はできるだけ入らないようにする」という政府方針の正確な反映でもあろう。

しかし実際に約四万人の人々が暮らしている町で、中核病院が機能しなければ、いったいどうなるのか。しかも、病院施設は、現に使える。いずれ再開できるという見通しがあれば、医師も辞めずにすんだかもしれない。

「安全」という建前に固執し、実際に住む人々の暮らしを支える視点を欠いたまま、いつ終わるともしれない「緊急時避難準備区域」を続けることは、「自己責任」の名のもとに、住民に負担を強いることを意味するのではないだろうか。そう疑問を感じないわけにはいかなかった。

特養では

特養はどうしているのだろうか。

原町区小川町の特別養護老人ホーム「長寿荘」に向かい、施設長の中川正勝さん(六六歳)にお話をうかがった。長寿荘は、定員七〇人。三日〜一週間の短期滞在が定員一〇人。ほかに二五人定員のデイ・サービスをやっていた。職員は六三人だった。

三月一三日から一六日にかけ、二〇キロ圏内の特養にいた入所者一七人と職員三人が避難してきた。さらに一二日から二二日にかけ、海岸にあった老健施設の利用者五人、職員三人も、着の身着のままで逃げてきたのを受け入れた。デイ・サービスをストップし、短期入所もやめて避難者のお世話をした。

雲行きが怪しくなったのは、「自主避難」を要請された一五日だ。市役所は「自分で避難先を見つけて」といった。福島県などにもお願いしたが、「まず病院の避難が優先」ということで、調整が進まない。自力で見つけた栃木の施設が受け入れてくれることになり、二〇日にまず六人を送り出した。

二一日には警視庁、県警のバス三台で、動ける入所者二八人を送り出し、二二日には、ストレッチャー四台を収納する自衛隊の特殊バス五、六台と救急車四台を使って、二一人を避難させた。

当時、長寿荘から避難したのは、自宅に四人、会津など県内に四人、栃木の一三施設に四七人。合計五五人だ。出先の施設が介護費を請求するので、長寿荘の収入はなくなった。

中川さんは一五日に、「任意出勤」を宣言した。家屋が流出した職員は五人。床上浸水が一人。避難する職員もおり、一五日以降は二〇～三〇人態勢で乗り切った。

二〇キロ圏内の施設は、避難してそのまま戻れなくなったために、すぐ休業したところが多い。しかし、二〇～三〇キロ圏内は、より複雑だった。「緊急時避難準備区域」で、特養は事業をしてはいけない。だが、避難した入所者の原籍はまだ「長寿荘」にあり、「一時預かり」のかたちをとった。いざ再開にそなえ、職員をとどめておきたい。だが収入がなければ、雇用も維持できない。

中川さんは四月分は職員・パートに本俸を支給し、五月一六日から、雇用保険の特例を受けてもらうことにした。その当時の在籍職員は四九人。うち一七人は避難先にいる。

一時預かり先との連絡や事務があるため、四人分は休業届けを取り消し、六割ほどの給与で雇用を継続することにした。しかし、おおっぴらに事業を開くと誤解されるおそれがある。出入りを少なくして、細々と再開の日を待っている。

だが五月になって、市内でデイ・サービスを復活するところが出てきた。県に問い合わせると、「やってもいい」という。だが、緊急時避難準備区域には、お年寄りは入らないようにする、ということではなかったか。中川さん自身、どう説明していいのか、わからずにいた。

噴出する矛盾

南相馬市議の鈴木昌一さんの運転で、津波被害の大きかった原町火力発電所方面に向かった。ここは砂浜が続き、関東からも大勢のサーファーが来て賑わうキャンプ場だった。

遠くに見える火力発電所は、船から石炭を揚げるクレーン二基が、タツノオトシゴのように捻じ曲がり、近くのタンクが火災の跡をとどめていた。沿岸部を走ると、破断した防潮堤のコンクリートが、ごろごろと転がり、見渡す限り、波にさらわれた土地が続く。

南相馬市沿岸部にある火力発電所も被災した(2011年5月)

原発事故の陰に隠れて忘れられがちだが、南相馬では津波被害もまた、大きかった。四〇〇平方キロメートル近い市域のうち、実に一割にあたる四〇・八平方キロメートルに津波が襲いかかり、五月一七日時点で死者五四〇人、行方不明二二五人、家屋全壊四六八二棟、大規模半壊三二〇棟、半壊六五五棟。

住家の跡は、かろうじて残ったコンクリートの礎石で、それと知れるだけだ。連休にあわせて立てたのだろう。見渡す限りの泥土の海に、真新しい棹が立てられ、鯉のぼりが六尾、勢いのある浜風に泳いでいた。「お孫さんが亡くなったのかな」。鈴木さんは、目を潤ませてその鯉のぼりに見入った。

「意地でも立てたかったんだろうなあ、この鯉のぼり!」

鈴木さんがそういって、夕闇に泳ぐ鯉のぼりを、しばらく見つめた。

南相馬市議会の関場英雄事務局長（五八歳）にお目にかかった。関場さんは、避難や屋内退避について、「せいぜい数日、長くても一週間で解除になる」と考えていた。多くの市民もそう考えていたろうという。

しかし、避難生活は、「緊急時避難準備区域」といういびつな形で長期化した。

「三〜四万人はここで仕事をして、住んでいる。そこで病院の入院もだめ、学校もだめ、ということになると、原発の不安以外に、生活の不安が募る。今は仮設の要望が三〇〇〇戸あるが、作っているのは九〇〇戸。三〇キロ圏外の鹿島の土地は限られており、原町にも建てたいが、緊急時避難準備区域なので、ゴーサインが出ない」

国は一方で居住を認めながら、他方で暮らしを制限する。

「何カ月たったら戻れるとか、除染はどうするとか、住民はいつ戻れるのかについて、具体的な情報を求めています。医療や物流の支えがなければ暮らしは成り立たず、将来の見通しが立たなければ、企業の投資もない。復旧にはスピード感が必要です」

政府は事故の直後、半径二〇〜三〇キロ圏内で「屋内退避」を指示した。しかし、食糧やガソリンの配給といった物流の確保には、ほとんど努力の形跡が見られない。「自主避難」を要請しておきながら、その手立てや十分な支援を続けたとも思えない。「緊急時避難準備区域」

に指定して「安全」という建前だけを押しつけ、実際の暮らしを支えていないのではないか。私はそう感じた。

その後七月に、南相馬市を再訪した。市の人口はまだ半分しか戻らず、経済規模はどんどん縮小していた。市内ではようやく店や飲食店が増え始めたが、シャッターをおろす店も多く、夜になると、商店街は暗い。南相馬の中心部は、福島市や郡山市よりも放射線量が低い。しかし、いったん線引きした「緊急時避難準備区域」の枠は容易には外れず、市民の暮らしは、九月末に指定が解除されるまで、縮小均衡に向かっていった。

計画的避難区域

五月の取材では、南相馬市の鈴木昌一市議の案内で、「計画的避難区域」に指定されて一五日から集団避難をはじめた飯舘《いいたて》村にも立ち寄った。

政府は四月二二日、放射線累積線量が年間二〇ミリシーベルトに達するおそれのあるエリアを「計画的避難区域」に指定した。

飯舘村は一部が「警戒区域」に含まれていたものの、大部分は三〇キロ圏外で、それまではふつうの生活をしていた。震災から一カ月もたって急に集団避難を言い渡され、五月末までの退去を命じられたのである。

村役場にいらした菅野典雄村長に、お目にかかった。

「緊急時だったので仕方のない面はあったが、政府は危機管理ができていないのではないか」。冒頭から、村長の指摘は手厳しいものになった。

危機管理では、まず広い範囲に避難の網をかけ、安全とわかった地区から少しずつ避難を解除し、狭めていくのが常道だ。そうすれば、住民は、はじめは心配しても、少しずつ安心できる。しかし今回政府は、避難の区域を後になるほど広げていった。住民の不安は逆に、募る方向になった。

よくよく調べてみれば、二〇〜三〇キロ圏内でも放射線の低い地域があり、三〇キロ圏外でも、数値の高いところが出てきた。距離の同心円で切る機械的な区分が通じなくなったために、あわてて「計画的避難区域」をつくり、当てはめたきらいがあるという。

「政府は、安全性を強調する。健康を守るといえば、だれからも非難されない。しかし、そのために生活が破壊されたら、村民の暮らしは成り立たない。安全は、暮らしの安心とバランスをとることで、はじめて守られる。だから、これまでの生活をできるだけ維持できるよう、政府とかけあった」

国が出してきた避難先の候補は、新潟や長野など他県だった。原発避難としては「後発」だから、県内自治体は、もうすでに満杯だ。しかし菅野村長は、「車で一時間以内」を主張して、考えた。

譲らなかった。村での雇用を最大限維持しながら、「通い」で生活機能を維持していこう、と考えた。

今まで通勤が二〇分かかっていたら、一時間二〇分までは、何とか通える。役場すぐ近くにある特別養護老人ホーム「いいたてホーム」も、特例として避難せず、居残ることになった。栃木に移る話もあったが、ホームの屋内にいれば安心して暮らせる。お年寄りを動かせば、それだけでリスクは高まる。ホームが存続すれば、介護スタッフの職を守ることもできる。村が国と交渉し、ホーム存続と五五〇人の雇用を確保した。

こうしたやり方については、外部から「殺人者」とか、「人間をモルモットにするのか」といった抗議や非難のメールやファックスが殺到した。だが村長は「あくまで村民の暮らしを守るためだ」と泰然としている。

放射線残量はきめ細かく計測しており、ホーム近辺では低いことを確認している。妊婦や乳幼児はいち早く避難させており、リスクは織り込み済みだ。

「いま一番いいたいのは、そこに住む人々や行政には知恵があり、思いがあり、情熱があり、牛に対する愛着があるということだ。それらを活用することが、復興の原点だ。将来構想も、住んでいる人たちの思いをいかしてほしい。いまのやり方では、金がないのに、将来の補償金がどんどん高くなる。住民の暮らしをどう維持するかを考えれば、安上がりに済むはずだ」

そのうえで菅野村長は、「将来、避難を解除する条件を明示してほしい」と政府に要望しているという。土壌除染などの国家プロジェクトを進め、一定の値よりも下がった区域は、段階的に解除していく、などの条件だ。いったん避難させて、いつ終わるかわからない状態が続けば、村民は疲弊する。何とか最低限の雇用を維持しながら、帰還の日を待つ。それが菅野村長の考えだった。村民をパトロール要員として雇用し、避難した地域を巡回して雇用と村の機能維持の両立をはかる、という対策も国に認めさせた。

七月、再び村を訪ねた。約一カ月をかけて全村民六二一一人は、ほとんどが県内の近隣自治体に避難した後だった。田園地帯にあるいくつかの集落を行くと、雑貨店もガソリン・スタンドも理髪店も、かつての日常生活をそのままにとどめて、人の気配だけが絶えている。まるで、時間が停まり、人だけが消えてしまったかのようだった。

2　避難区域の設定

同心円状に広がった避難指示

「政府は危機管理ができていないのではないか」。震災から二カ月も経って「計画的避難区域」に指定された飯舘村の菅野典雄村長がいうように、政府による避難区域の設定は、後手にまわった。震災から、政府の避難指示がどう移り変わったのか、経過を振り返ってみよう。まず、震災後の数日間の動きはこうだった。

三月一一日
一四時四六分　地震発生
一九時〇三分　緊急事態宣言（福島第一）
二一時二三分　半径三キロ圏内の避難指示（福島第一）
　　　　　　　半径一〇キロ圏内の屋内退避指示（福島第一）

三月一二日
五時四四分　半径一〇キロ圏内の避難指示（福島第一）
七時四五分　半径三キロ圏内の避難指示（福島第二）
　　　　　　半径一〇キロ圏内の屋内退避指示（福島第二）
一七時三九分　半径一〇キロ圏内の避難指示（福島第二）
一八時二五分　半径二〇キロ圏内の避難指示（福島第一）

三月一五日
一一時〇〇分　半径二〇〜三〇キロ圏内の屋内退避指示（福島第一）

つまり、福島第一については、三キロ避難・一〇キロ屋内退避→一〇キロ避難→二〇キロ避難→二〇〜三〇キロ屋内退避と、同心円状に「避難」と「屋内退避」を拡大していった。郡山に向かった富岡町や川内村のように、この最後の「屋内退避」の際に、町村をあげて集団で「自主避難」した自治体も多かった。また福島第二については、三キロ避難・一〇キロ屋内退避→一〇キロ避難という順序をたどった。

この二〇〜三〇キロ「屋内退避」の指示は、四月下旬になって解除され、代わりに、三つの区域の設定が政府によって発表された。

四月二一日
一一時〇〇分　半径二〇キロ圏内を「警戒区域」に設定(福島第一)
　半径八キロ以遠区域の避難解除指示(福島第二)

四月二二日
九時四四分　半径二〇〜三〇キロ圏内の屋内退避解除(福島第一)
　おおむね二〇〜三〇キロ圏内を「緊急時避難準備区域」とし、それ以遠でも放射線量の高い飯舘村などを「計画的避難区域」に設定し、避難を要請

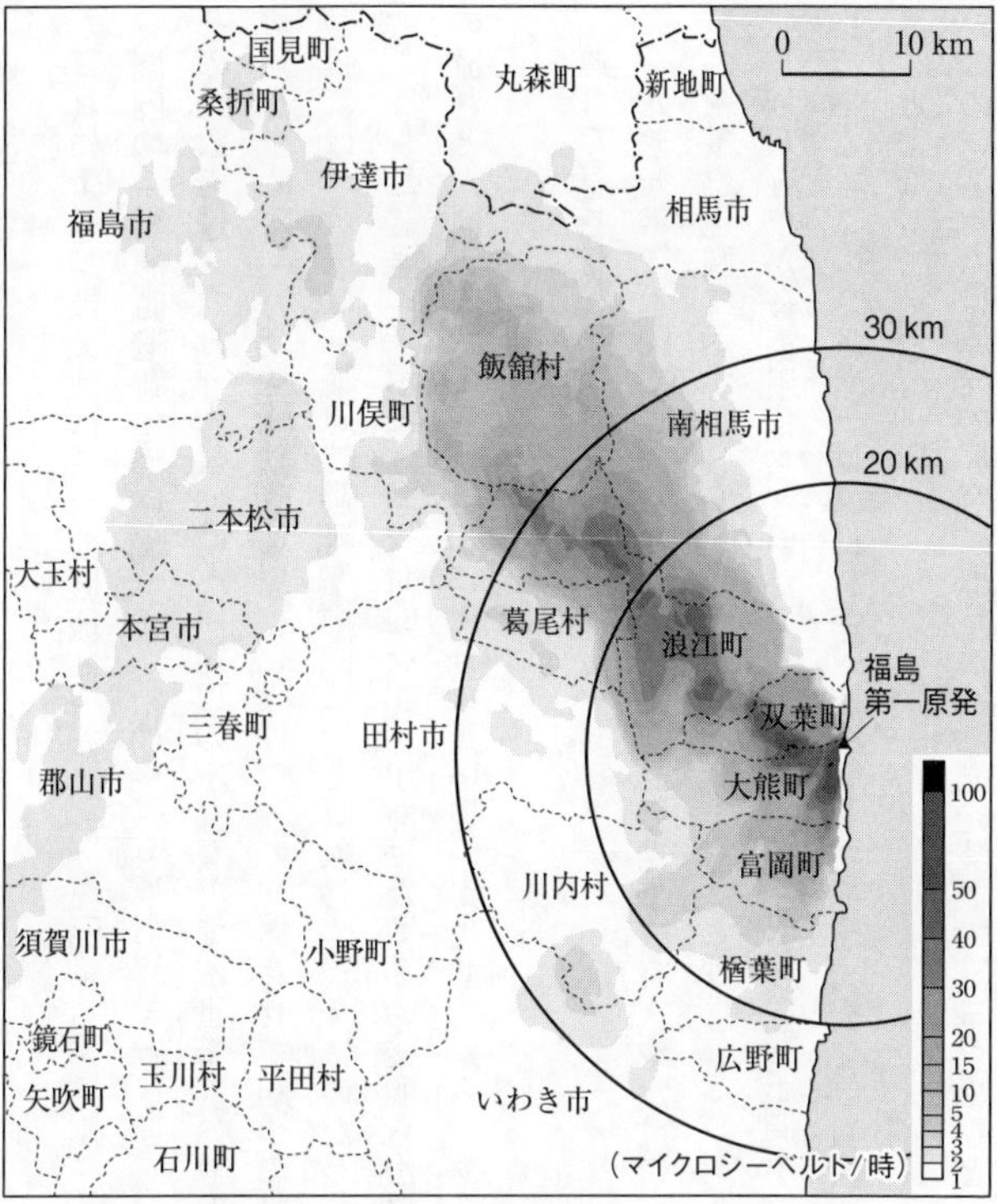

出典：政府事故調査・検証委員会「中間報告書」

図 11　福島県の空間線量率(2011 年 11 月 11 日)

これにより、被災地は三つの区域に分かれた。二〇キロ圏内の「警戒区域」、二〇～三〇キロ圏内の「緊急時避難準備区域」、それ以遠でも放射線量の高い「計画的避難区域」である。その後政府は、六月一六日には、伊達市の一部などで、世帯別に放射線量の高い場所をあげて避難を求める「特定避難勧奨地点」を設けたので、あわせて四つの区分となった。なお九月三〇日には、政府は「緊急時避難準備区域」を解除して、今にいたっている。

こうした避難の指示には、致命的な誤りがあった。その後明らかになった放射性物質の実際の流れと、同心円状の避難指示に大きな食い違いが生じたからである。

遅れたSPEEDIの公表

一九七九年に米国で起きたスリーマイル島原発事故をきっかけに、日本では漏れた放射性物質の線量を地図に示す「SPEEDI」(スピーディ)と呼ばれるコンピューターのシステムを開発し、八五年から実用化していた。「緊急時迅速放射能影響予測ネットワークシステム」の略称である。このシステムは文部科学省が所管し、原子力安全委員会や原子力安全・保安院が使うことになっていた。

このシステムは原発の煙突に取り付けた測定装置で、ヨウ素など、どの種類の放射性物質が漏れたかを測り、風向きや地形などを参照して約一五分後に、どの範囲まで漏れるかを予測する。一時間ごとに計算して、緊急時の住民の避難に活かすための予測システムだ。

だが原子力安全委員会がＳＰＥＥＤＩの試算結果を初めて公表したのは、震災から一二日もたった三月二三日の午後九時ごろだった。その結果は、原発から北西と南の方向に放射性ヨウ素が飛散しており、一日中外にいたという条件では、三〇キロ圏外でも一二日間で一〇〇ミリシーベルトを上回る甲状腺の内部被曝を起こす可能性がある、というものだった。地域でいうと、南相馬市や飯舘村、川俣町、いわき市などの一部がそれにあたる。

これは、三〇キロ圏外でも被曝の可能性を示すものだったが、班目春樹委員長らは会見で、「計算では厳しい条件を想定した。ただちに対策をとる必要はない」と話した。

原子力安全委員会はその後も四月一一日にＳＰＥＥＤＩの予測結果を公表したが、「放射性物質の拡散予測マップを、今後はホームページで毎日公表する」と態度を改めたのは、ようやく四月二五日になってのことだ。

だが、データの未公表は、それだけではなかった。細野豪志首相補佐官は五月二日になって、関係機関がおこなった拡散予測のうち、公表されていなかったデータの数は約五〇〇〇件と述べ、以後はすべて公開すると約束した。これは原子力安全委員会、文科省、原子力安全・保安院などがそれぞれ予測したデータだった。

細野補佐官は前日まで、データの存在を知らなかったといい、公開しなかった理由については「すべて公開することで国民がパニックになることを懸念した。きちんと開示すべきだった」と話した。

官邸には届いていた

政府の事故調査・検証委員会がだした「中間報告」によると、保安院は事故後の三月一二日未明には、官邸地下の危機管理センターにいる保安院職員にSPEEDIのデータを送った。受け取った職員はこれを内閣官房職員に渡し、センターで共有した。だが保安院が、仮定に基づく試算で「信頼性が低い」という補足資料をつけたため、内閣官房職員は菅首相に報告しなかった、という。

こうした予測があったにもかかわらず、政府は「同心円状」の避難指示にこだわり、結果として、五月末にいたるまで、三〇キロ圏外でも汚染度の高い「計画的避難区域」の人々の被曝を許し、福島市や郡山市の一部など比較的線量の高い地域でも、子どもたちを被曝の危険にさらしたことになる。また、「緊急時避難準備区域」に指定された南相馬市でも、風向きなどの結果、線量が低い地域もあり、「同心円状」の指定は、場所によって、いたずらな負担を強いたともいえる。

政府は、当初は電源喪失でプラント情報などがなく、「精度が不確かだった」としていたが、結果的にSPEEDIの予測試算はほぼ実際の測定値と一致しており、非公開に不手際があったのは明らかだ。

「パニックになることを懸念した」という発言について細野氏は、一〇月二八日の参議院「東日本大震災復興特別委員会」での質疑に、おおむね次のように答えた。震災後、政府と東電の統合対策本部にいた細野氏は、三月二三日に官邸に呼ばれて初めてSPEEDIのデータを知り、公表を進言した。その後も再三にわたって公表を促し、四月二五日にデータの公表を決めた。ところが、一週間後にまだ別のデータもあったという報告を受け、次のようなやりとりをしたのだという。

「(報告者に)何で今ごろになって出てきているんだという話をしたわけですね。それに対して、説明に来た人間がパニックを収めたい面があったのかもしれませんという趣旨の発言をした。対外的になぜかということは説明しなければなりませんでしたので、私の思いではなく、かかわった人たちの思いとしてそういうところがあったのかもしれないということで、記者会見で答えた」

報告者がだれかは明らかではないが、経産省などの観測機関を束ねる立場の人物だろう。

SPEEDIについては菅直人首相が六月三日の参議院予算委員会で次のように答えた。

「ＳＰＥＥＤＩの試算結果が三月一二日、原子力安全・保安院から官邸地下のオペレーションルームの原子力安全・保安院の連絡担当者に送付されたということでありますけれども、私や官房長官、官房副長官、内閣危機管理監などには伝達されておりません。確かに、情報が正確に伝わらなかったこと全体としての本部長としての責任は感じておりますけれども、何か私がそういう情報を事前に知ってどうこう自分の行動を決めたとかということでは全くない、事実に反するということをまず第一に申し上げておきます」

官邸には届いたものの、官邸内の意思疎通の失敗で、ＳＰＥＥＤＩの予測値を避難指示に活かす貴重な機会は失われた。事故直後、原発近くの浪江町の多くの住人は、北西の汚染度の高い方向へと避難していった。避難に活かせなかっただけでなく、その後も、避難区域の設定に反映させられなかった責任は重いといえよう。ＩＡＥＡに対する六月の政府「報告書」は、このＳＰＥＥＤＩの教訓として、以下のような点を認めている。

「原子力災害発生時の原子炉の状態や事故進展予測などを行う緊急時対策支援システム（ＥＲＳＳ）は、必要なプラントの情報が得られず本来の機能を発揮できなかった。また、緊急時迅速放射能影響予測ネットワークシステム（ＳＰＥＥＤＩ）については、放出源情報を得ることができずに大気中の放射性物質の濃度等の変化を定量的に予測するという本来の機能を発揮できなかった。様々な形で補完的に活用されたが、その活用の体制や公表のあり方にも課題を残した」

「屋内退避」が招いた混乱

なおこれとは別に、避難指示にあたって混乱を招いたのは、「屋内避難」や「緊急時避難準備区域」という言葉のあいまいさだった。「屋内避難」を指示しながら、「自主避難」を促す矛盾や、「仕事をしていい」といいつつ、「緊急時に備えろ」と相反する指示を出して、住民を戸惑わせる結果になった。

ＩＡＥＡ調査団の報告書に付したある「調査所見シート」は、次のように経過を語っている。

「三月一一日に福島第一原発周辺半径二キロ圏内の住民の避難が決定された。通常、避難決定は線量測定に基づくが、この場合は信頼できる測定値が利用できず、決定は一号機の状態（冷却喪失）に基づいた。同日に避難区域の半径は三キロに拡大されたが、翌日には圧力上昇によってさらに一〇キロまで拡大された。一二日の水素爆発は二〇キロ圏の住民の避難につながった。一五日には別の爆発が二号機を襲い、半径二〇～三〇キロ圏内の住民は屋内に留まるように指示された（屋内退避）が、その一方同じ住民が自主的に避難するよう勧められた。長期的退避（「屋内退避」）は一カ月以上実施された」

こうした経過を踏まえたうえで、このシートは「測定値が入手できないため、結果的にプラントの状態に基づいて緊急防護活動を開始することとなった。急速に変化するプラントの状況により、住民を防護するためにいくつかの連続的対策(大部分は避難)を講じることが避けられなかった。長期的退避は国際的慣行と一致せず、中止され、「計画的避難」および「(緊急時)避難準備区域」という概念が代わりに導入された」という。

そのうえでシートは、「長期的退避(屋内退避)の使用は異常であり、十分に正当化されない措置であり、これは今後さらなる分析が必要となる」と結論づけている。

「屋内退避」は緊急時の一時的な手段であり、それが「緊急時避難準備区域」に置き換えられたのは、事故から一カ月以上も過ぎてからのことだった。その間、屋内で「退避」する住民たちは物資や情報の不足に悩まされ、その後「緊急時避難準備区域」になってから後も、学校や病院、特養などの活動が制限され続けたことは、前節の南相馬市で見たとおりだ。

SPEEDIなどの予測を使わず、「同心円状」の避難指示をした政府は、実態とのズレが明らかになった後もその「同心円」にこだわり、「屋内退避」を「緊急時避難準備区域」に置き換えて固定した。これまでの経過を踏まえれば、そんな見方もできるだろう。「屋内退避」や「緊急時避難準備区域」を設定した是非については、さらなる検証が必要だ。

3　自治体避難

富岡町の場合

原発事故によって、福島県沿岸部の市町村は「全自治体避難」を強いられた。役所そのものが県の内外に移転し、各地に四散した住民のお世話をすることになったのである。

福島第二原発の立地自治体だった富岡町の場合を見てみよう。被災前、町では六二九三世帯、一万五八三九人の住民が暮らしていた。

富岡町は全町が福島第一原発から二〇キロの圏内にあった。避難指示によって住民の多くはまず隣接する川内村に向かい、そこから村民と共に、バスで郡山市のイベント施設「ビッグパレットふくしま」に集団避難をした。ここには一時、二五〇〇人が暮らし、県内最大の避難所になった。富岡町と川内村の災害対策本部も、ここにプレハブづくりの仮庁舎を置き、住民のお世話をした。

しかし、ビッグパレットは八月末に閉鎖され、住民は県内各地にできた応急仮設住宅や、借り上げ住宅に移り住んだ。

九月三〇日現在で町がまとめたところ、町民が暮らす仮設住宅は次のようなものだった。

いわき市　二カ所　二八二戸
郡山市　三カ所　六二二戸
三春町　六カ所　三三〇戸
大玉村　一カ所　六三〇戸

だが、仮設住宅への入居率は約六四％の一一九六戸に留まった。多かったのは、借り上げ住宅の方だった。

いわき市　一五〇九世帯
郡山市　九八二世帯
その他市町村　五二七世帯

借り上げ住宅に住む人々は、県内三〇市町村に三〇一八世帯にのぼった。私も各地の仮設住宅を訪ねてみたが、「大きな都市でないと勤め口がない」、「車がないと、病院やスーパーなどに行くのが不便」、「気候の温暖な浜通りに育ったので、夏冬の気候が厳しい中通りに住むのがきつい」などの声を聞いた。もともと南相馬市より南の沿岸自治体は、南方のいわき市が生活圏になっており、いわきへの愛着が強いこともあった。

そこで町は、災害対策本部のいわき連絡所に住宅支援班を置き、住民のお世話をするようになった。他の仮設にも、それぞれ連絡所を置いて住民からの要望に応えた。町は「二年以内の帰還」を目指しているが、震災によってインフラが壊れ、除染の進捗状況も不透明なことから、見通しは今もって厳しい。

楢葉町の場合

富岡町と並んで、福島第二原発の立地町である楢葉町には、暮らしていた八〇五〇人の全町民が、原発事故で避難を強いられた。町の大半が、第一原発から二〇キロ圏内であったためだ。楢葉では全町民が、災害時援助協定を結んでいる会津美里町に避難する予定だったが、廃校や公民館などの受け入れが間に合わず、いわき市にも分散して九カ所の避難所に入った。

その後町は、会津地方に約二五〇戸の応急仮設住宅を建てた。いわき市にも八〇八戸の仮設を建て、さらに一六〇戸を追加で建設した。いわき市では約一〇五〇世帯が、借り上げ住宅に入り、まだ足りない状態だった。

こうして住民の避難先は、会津美里町を中心に、会津地方が約九〇〇人、いわき市が約四六〇〇人で、残りの人々は茨城、東京、埼玉、新潟、千葉などの他県に移り住んだ。

役場は会津美里町に移って災害対策本部を置いたが、人口では最多のいわき市にも役場機能が必要になり、いわき市内の明星大学の学生会館に出張所を設けた。

こうして町の二極分散が始まった。

九月にいわき出張所を訪ねて聞いたところ、町議会は本会議は美里、委員会は美里といわきの交代で開いていた。そのたびに、借り上げ住宅などに避難している町議も車で移動する。それぞれに宿泊施設はあるが、夜は雑魚寝だった。

住民の多くが、いわきに住むことを希望したため、抽選でいわきの仮設に入れない人は、次の抽選を待ち、美里では一部に定員割れが起きるということになった。

町では仮設住宅に看護師を配置し、大分県からの支援看護師も一週間単位で駆けつけ、巡回していた。町社会福祉協議会の職員がデイ・サービスをして、集会所では相談も受け付けている。美里では、週に二便、買い物バスや医療バスを出し、車のない住民に足を提供した。

人口の多いいわき市では、中央台北小学校、北中学校を指定し、三百数十人の児童生徒が通っている。先生もいわき、美里の小学校に籍を移し、そこで教えている。町職員一一〇人のうち、八〇人が美里、三〇人がいわきの出張所に配属された。本来の行政サービスは維持できないので、班編成に切り替えた。従来の建設課や産業課は仮設などの対応に回り、下水道課は生活支援などをしている。いわきと美里は車でも一時間四五分かかり、往復するのも大変だ。

楢葉町では、全二九〇〇世帯のうち、津波と地震による全壊は五〇世帯、半壊は一〇世帯だった。九月現在で、原発による避難で一時補償金のほか赤十字から一世帯あたり三五万円、県から五万円の義捐金が配られ、第二次配分では赤十字から一人あたり二四万五〇〇〇円、県から一人あたり五万円の配分があったという。

楢葉町は一〇月五日、郵送による全町民アンケートをまとめ、公表した。対象は二九〇〇世帯、有効回答率は六八・八％だった。

それによると、県内に避難している世帯は全体の七割を超え、その七割はいわき市、一割は会津美里町だった。美里町では二〇～三〇歳代の割合が高く、子どもを放射線から守ろうと遠方に避難したことがうかがえる。

暮らしている住宅では、借り上げが三七・〇％と最も多く、仮設二三・八％、親子や親戚など縁を頼って避難した一一・八％がこれに続く。避難先を選んだ理由については、「縁を頼って」が三〇・五％で最も多く、「仕事」二五・一％、「行政の指導」一四・八％、「子どもの学校」九・八％の順だった。

月額の収入が変わったかどうかという質問に対しては、「収入がまったくなくなった」「二～三割減った」がともに二割以上、「半分くらい」「半分以上」がそれぞれ一割ほどにのぼり、生活の厳しさを示している。「今後の生計の見通し」についても、「非常に苦しくなりそう」が三六・六%、「少し苦しくなりそう」が二二・六%だった。

こうした経済状態で、あとどれくらい暮らしていけるかを尋ねると、「一年未満」と一年ぐらい」が併せて約六割、「二年ぐらい」が二割近くになった。町民の七割は「町に戻りたい」と考えており、「今行政に望む情報」という設問に対する複数回答では、八割近くが「帰町の見通し」、「復町後の支援策の早期発表」「復興に向けての行政情報」が、それぞれ五五%にのぼった。

多くの住民は、元の町に戻りたいと考えているが、暮らし向きは厳しく、あと一～二年が限界だと感じている。過酷な避難生活の実態をあらわす結果だ。

避難対策に限界

日本の防災対策は、一九五九年の伊勢湾台風をきっかけに、その二年後に制定された「災害対策基本法」に基づいている。地震や風水害、火山被害といった自然災害だけでなく、原発事故や鉄道・航空機事故にも、この基本法が適用される。

ただ原発については、一九九九年のJCO臨界事故をきっかけに、特別法の「原子力災害対策特別措置法」(原災法)が制定され、「災害対策基本法」を補完することになった。これは、原発災害の予防や、原子力緊急事態宣言の出し方、原子力災害対策本部を設けること、緊急事態にあたっての応急対策、災害後の対策のあり方などを定めたものだ。

今回の東日本大震災にあたって、政府は、「災害対策基本法」ができて以来初めて、「緊急対策本部」を設置して対応にあたった。その一方、福島第一原発の事故にあたっては、原災法に基づいて「原子力緊急事態宣言」を出し、「原子力災害対策本部」を置いて、避難や屋内退避などを指示した。その後に「東日本大震災復興対策基本法」に基づく「復興対策本部」ができたため、政府のもとで三本部が同時に活動を続けることになった。なお復興対策本部は二〇一二年二月から一〇年間、復興庁として活動する見込みだ。

ところで、こうした政府の仕組みによって、原発事故の自治体や被災者は、どのような対応を期待できただろう。

原発事故の賠償については、原子力賠償法(原賠法)に基づき、専門家による「原子力損害賠償紛争審査会」が中間指針を示す。各産業への営業損害や逸失利益、避難でかかった個人の費用、精神的苦痛に対する賠償金などである。しかしこれらは「賠償金」であり、生活の維持や今後の復旧・復興については、他の自然災害と同じように、もとの「災害対策基本法」や、応急的な支援を定めた「災害救助法」によることになる。

だがすでに第Ⅰ部第3章の「自治体崩壊」でみたように、従来の災害対策の法体系は、今回のような広域大災害を想定しておらず、そもそも基礎自治体の市町村が被災している以上、十分には機能していなかった。

たとえば、震災後に内閣府に置かれた「災害対策法制のあり方に関する研究会」の第一回会合(九月一二日)では、各委員から次のような問題点が指摘された。

- 災害対策基本法は、伊勢湾台風をきっかけに制定された。台風は一過性ですぐに収まって対策がとれる。社会的な状況がかなり変わってきているのもかかわらず、その当時の考え方が基本的にまだ残っている。
- 災害対策基本法は、災害復旧に関する規定が四か条あるだけで、実質的な規定がないに等しい。災害復旧計画も災害復興計画も、根拠規定があるわけではない。これは非常に問題であり、東日本大震災においても復興基本法の制定が遅れたために、全体の復旧・復興がずるずると遅れている。
- 現行法制は中規模・一過性の災害には対応できるが、大規模・激甚な災害、長期にわたる継続的な災害が発生した場合の仕組みが備わっていない。災害対策基本法は、行政が全部の災害応急対策をする前提になっているが、今回のように行政機能が喪失した場合の対応について、どのような規定を置くべきか検討すべきだ。

・現在の災害救助法の避難所対策は、避難場所、水、食料の提供が中心となっており、最低限以下の生活を長期間にわたって強いるのは問題である。発災直後の現物支給原則に立ってその後の長期間の被災者支援を行うことは、問題が多い。
・災害対策法制に関しては構造的な問題があると言われていた。これまで大きな災害があるたびに対症療法的に改正してきたが、根本からの制度見直しは行ってこなかった。

これを見るだけでも、かなり核心に迫る指摘が並んでいるが、そもそも、原発事故による被災を、他の災害と同一視するのは、無理があるのではないか。原発被災と他の自然災害を比べると、次のようなことがいえるだろう。
①原発による放射性物質の汚染は、他の自然災害とは比較できないほど長期に及ぶ。
②ある特定の地域に被災が限定される他の災害と違い、きわめて広域に、面的に被害が及ぶ。
③他の災害とは違って、一次避難所―応急仮設住宅―恒久住宅という復旧への道筋が見えず、除染によって元の地にいつ戻れるか、はたして戻ることができるのか、という根本的な疑問が立ちふさがる。
④直接の被害がなくても、乳幼児や子どもを抱える親は、長期にわたる低線量被曝を恐れ、

自主避難をする場合がある。

⑤ある一定の範囲内に被災者がとどまる他の災害と違って、原発被災での避難は全国に及び、コミュニティの分断が著しい。

⑥役所そのものが避難しており、住民への情報伝達や意見の集約が難しい。

こうしたことを考えれば、原発事故への対策や復興については、従来の法体系では、とても対応できない、と考えるべきだろう。従来のコミュニティをできるだけ維持しつつ、被災者の就職や就学を保証しながら、コミュニティ再生への選択肢を示す特別措置法が必要になるのは明らかだ。それは、今後起きるかもしれない他の原発事故にも適用される先駆けの措置にもなるはずだ。財政事情が逼迫しているのは確かだが、その道筋を示さない限り、今回の原発対応は、「棄民」政策になりかねないと思う。

第7章　放射線との闘い

1　子どもたちの福島

不安と不信の生活

「おたくは、いくつでした？」

「庭で〇・八、玄関先が〇・七です」

「お子さんの学校は？」

「それが、三を超えるときもありまして」

「ご心配でしょうね」


私が七月に訪ねた福島市や郡山市では、初対面同士の人々の間で、こんな挨拶が交わされていた。数値は、放射線量計で測った毎時のマイクロシーベルトだ。まるで気温や湿度を話題にするように事もなげだが、わずかの数値の差にも鋭敏に反応する、その表情は真剣だ。

政府や行政の後追い発表に対する不信と、低線量被曝への不安。炎天下の福島を覆う空気をひとことでいえば、そうなるだろう。

人々は自宅の庭や玄関先、居間や台所で小まめに放射線量を測り、とりわけ線量の高い枯れ草や芝生を掘り起こし、雨樋を高圧洗浄機で押し流す。しかし不安は消えない。三月一五日をピークとする大気中への放射性物質の放出で、どれだけ被曝したのか、わからないからだ。さらに今後は、内部被曝も気がかりだ。

行政によって、学者によって、低線量被曝の危険性に対する見解はまちまちだ。だれを信じてよいのか、どの言葉に根拠があるのか、人々は疑心暗鬼にかられている。

郡山市西部に住む四〇歳代前半の主婦に話を聞いた。小学校六年の長女、二年の長男は登校しており、四歳の次女、二歳の次男が足元にまつわって無心に遊んでいる。

「長女のクラスで一人、長男のクラスで二人が六月に転校しました。長男のほうは、一人が旦那さんが仕事を辞めて一家で北海道へ。もう一人は、旦那が残って、奥さんと子ども、親御さんの三人で富山に。親戚がいるわけじゃないそうです。すごいなあ、って思います。避難したほうがいいってわかっていても、行けません。うち、農家ですから」

その日は午前中に、山形に避難する母親の送別会を生協の仲間で開いた。地区の生協仲間一〇人のうち、すでに脱出した人は三人。これから疎開する、夏休みを終えたらそのまま戻ってこない、という人の噂が絶えない。

「多くの人は、行きたくても行けないのが現実。ローンを抱えていたり、二重生活をするゆとりがなかったり。仲間がいるから、がんばろうね、って話しています」

今でも悔やまれてならないのは、震災から一週間、大気中に放射性物質が放出されたときに、無防備でいたことだ。断水したため給水の列に並んだり、食料品を求めて何時間も列に連なる母親が多かった。春休みだったので、多くは子どもを連れていた。「あのとき、どれだけ被曝させてしまったのか」。そういって、泣き崩れる友人がいる。

私が話を聞いた主婦は、水道が使えたので、列には並ばなかった。一カ月は子どもを屋外に出さなかった。それでも、油断していた。あのとき、子どもを外に出さなかったら。あのとき、子どもを買い物に連れていなかったら。一つひとつの回想の場面が、痛いほどの悔恨を引きつれてよみがえる。

地域で、結婚を間近にした女性が、破談になったという話を聞いた。「大丈夫。こうなれば、結婚も、地産地消でいくかあ」。生協仲間とそういって大笑いしたが、二〇年、三〇年先を思うと、危惧は去らない。六年生の長女にだけは二人だけで向き合って話した。

「避難した子もいるけれど、あなたはどうしたい？　もしかすると、将来子どもを産めなくなるかもしれないのよ」

「いいよ。お友達がいる限りここに残る」

長女はそう答えた。親として、これがベストの選択か、正しい決断かはわからない。でも、間違ってはいないと思う。

「放射性セシウムっていう物質の半分が壊れるのは、三〇年後なんだって。もしかすると、うちの畑、三〇年は使えなくなるかもしれない」

そう話すと、野球好きの長男は笑って、「大丈夫だよ。そのころぼくは、メジャー・リーグで活躍してるから」といった。思わず笑いに釣り込まれながら、母親の心を不安が掠めた。もしほんとうに大リーグで活躍していたとして、あるとき原因もわからず体調を崩し、「ひょっとして……」と、二〇一一年三月一一日のあの日を思い起こす日が、来ないかしら。

伊達市で

福島市の東方に隣接する人口六万六〇〇〇人の伊達市では、七月になって霊山町上小国や下小国など四カ所、一〇四地点の一一三世帯が、「特定避難勧奨地点」に指定された。これは年間放射線量が二〇ミリシーベルトを超す恐れがある場所を、住居単位で指定し、自治体が避難を支援する仕組みだ。

伊達市市民協働課の半沢信光副主幹によると、六月一一、一二日、国が派遣した一〇〇組以上のグループが、一軒ごとの庭と玄関先の放射線量を測定調査した。線量が高い住居と、その近傍で小学生のいる住居が、対象になったという。伊達市では、市営住宅約四〇戸を避難先にし、残りは借り上げ住宅で対応する。

しかし、考えてみれば、年間放射線量二〇ミリシーベルトは、前にみた「計画的避難区域」の指定基準と同じである。なぜ飯舘村では全村が避難し、伊達市では個別の世帯に避難を「勧奨」したのか。測定の精度をあげ、避難する必要のない住民に選択の余地を残すことはいいことかもしれない。しかし、裏を返せば、避難対象者をできるだけ少なくし、「支援」にとどめて補償を減らそうという狙いも、こめられているのかもしれない。

実際、特定避難勧奨地点から外れた人にも、動揺は広がっている。霊山町下小国に住む三〇歳代後半の母親に話を聞いた。

調査の結果、自宅は庭が一・九、玄関先が〇・九毎時マイクロシーベルトだった。近くの小国小学校に通う一二歳の長男、九歳の長女が暮らす部屋はそれぞれ〇・七。

「震災後、テレビでも安全だといっていたし、まさか放射線がここまでは来ないだろうと思っていました。でも主人がネットで調べていたら、早くから外国メディアは原発がメルトダウンし、アメリカも半径八〇キロ圏内が危ない、と警告していた。危険なら危険といってくれたら、逃げていたんです」

五七人が通う小国小では、一二〇人の家が特定避難勧奨地点に指定された。親しい友人は打ち明けてくれたが、だれが指定されたか、聞くのはためらわれる。上小国、下小国地区の親たちは、乗用車で毎日、子どもを送迎していたが、七月一三日から、市がスクール・バスで送迎するようになった。

「子どもは春からずっと屋内で過ごし、屋外に出るときは長袖、マスク、帽子をつけています。一番心配なのは、あの放射線が高い三月に、子どもがどれほど被曝したかわからないことなんです。できれば、給食もやめさせたい。安心したくても、できないんです。同じ空気を吸っているのに、特定の人しか助けないというのはおかしい。苦労して耐えてきたんだから、皆を助けてほしいんです」

母親は、仲間と語らって、地域全員の避難を自治体が支援するよう署名を集め、伊達市に提出した。

「政府は、「直ちに健康への影響はない」と言い続けましたよね。マスコミもそう繰り返した。でも、絶対に影響があるとはいえないけど、絶対にないという保証もない。あんなに騒いで、何もなくて良かったね。そう後で振り返るほうがいいんです。何の保証もなく、将来何かあったら、だれが責任をとるのでしょう」

上小国に住む元消防署長の佐藤春雄さん(六五歳)宅も、指定から外れた。玄関先は一・五、庭は二・七と高かったが、近隣の七世帯はいずれも指定されなかった。「政府はモニタリングをしていたはずなのに、公表があまりに遅い。命にかかわる問題を、もっと迅速に対応できなかったか」

そういう夫に、妻キヌ子さん(六〇歳)が付け加える。

「まったく、一番放射線が高いときに知らされないで、ねえ」

もっとも、子どもがいる世帯は、自治体が移転先の家賃を支払うので、指定されてよかったと思う半面、長年地元に暮らす高齢者は、指定されなくてよかった、と受けとめる人が多いという。

「私も小国小学校出身だが、当時は一クラスに三五人の子どもがいた。今は高齢化が進み、年寄りばかりだ。もし計画的避難区域に指定されたら、町は廃墟になる。若い人は、半年避難したら、そちらが生活の場になってしまうだろうから。私は、自宅が避難勧奨地点に指定されても、残るつもりでいた」

庭の表土を掘り起こし、高圧洗浄機を買って雨樋を流し、放射性セシウムを吸着するゼオライトで浄化した。栽培するトウモロコシと枝豆は、刈り取っておくしかない。

丹治千代子市議によると、伊達市では早くから放射線被曝を心配する市民が動きだし、議会や市役所が、国や県に先駆けて対策に乗り出した。乳幼児、妊婦、小中高生の全員と希望者に、累積被曝線量を計測するガラスバッジを配布することを決め、八〇〇〇個以上を八月から配布した。市の専決処分によって、保育園や小中高校すべてにエアコンを設置することも決めた。今は「全市除染プロジェクト」を進め、まず専門家がモデル学校と住宅の一部を除染して検証し、その後は行政と市民が協働で、市の建物や農地、山林を大規模除染していくという。丹治市議はいう。

「伊達のすぐお隣りが福島市。福島市東部の線量の高さは、ここととそう違いません。いずれ、福島市や郡山市でも、伊達市と同じ問題が起きるのではないでしょうか」

静かなパニック

郡山市を拠点に活動を続けてきた生活協同組合「あいコープふくしま」は七月一一日に開いた第二五回総大会の議案書に、「この地に残って暮らすしかない」という表題をつけた。あいコープは、震災前からくすぶる景気低迷や雇用不安の影響で事業が足踏み状態だったが、原発震災による県外避難が相次ぎ、組合員の一割にあたる三〇〇〇人が脱退した。

議案書は、震災後の福島の現状をこう表現している。「放射線は、まさに、目に見えない「大津波とガレキ」であり、二〇〇万県民は現在もその渦に引き込まれています。しかも、事故の収束が全く見えないゆえに、不安と恐怖はいっそう加速し、放射能のダメージを受けやすい乳幼児、子どもを守らなければという気持ちが静かなパニックとなって広がりました」。

福島は奥羽山脈、阿武隈山地を境に、東から浜通り、中通り、会津の三地域に分かれる。うち、人口が集中しているのは中通りの一二〇万人で、福島と郡山の各三〇万人が二大商圏をなしている。浜通りで始まった「静かなパニック」が中通りに波及すれば、福島県の暮らしの根幹が揺らぐ。

あいコープ理事の渡部由次理事はいう。

「日本の行政はすべて、独立機関がチェックできないという問題を抱えている。原発事故後、すべての情報や対策は東電が握り、保安院や原子力安全委員会はノー・チェックだ。国会も自治体の議会も、機能していない」

では、どうしたらよいのか。「避難したくてもできない人が圧倒的に多い。いかに汚染されても、内部被曝を避けながら、この地に残って暮らすしかない」と渡部氏はいう。

あいコープは三つの立場を明確にした。

①事故は一般的な「人災」では片付けられない東電の利益優先の企業体質が原因。同時に、原発を国策として推進してきた政府―原子力委員会の責務と最終責任を明確にした上で、復旧・補償を求める。

②政府・東電に以下の項目を要求する。

ア　放射線汚染を拡大させないための監視、管理、情報公開。とりわけ子どもの安全、内部被曝の管理をするため、国の負担による県民健康検査と手帳の作成を求める。

イ　避難生活者の生活と心の傷への補償。元の生活に戻れるよう求める。

ウ　一時補償にとどまらず、農業・漁業ができる土地と海への回復まで責任をもつよう求める。

③二度と原発事故を発生させず、最初で最後の事故にすることを全国と世界に発信する義務と責任がある。

こうしてあいコープは、全原発の安全基準の見直しと改修、三〇年を超える原発のすみやかな休止と廃炉への準備を求め、「脱原発」を明確にした。

その一方、おざなりなチェックで汚染が拡大する福島の現状に対しては、生産者と消費者の連携で自衛し、立ち向かうしかない。「残るしかない、という地点から、個々の闘いを始めるしかないでしょう」と、佐藤孝之理事長はいう。

事故後の放射線の大気中への放出で、県民は三カ月に平均三〜五ミリシーベルトの積算放射線量を浴びた。これからは、内部被曝をどう最小化するかが最大の課題だ。野菜などを出荷する場合は一キログラムあたり五〇〇ベクレル以下にするという国の暫定基準値は、すでに被曝した県民にとっては、高すぎる。

あいコープでは、ゲルマニウム半導体検出器で農産物のサンプリング調査をし、その値を参考に生産者が簡易測定器で野菜などを調べ、荷受け段階で二重チェックする活動を始めた。

また、内部被曝を避けたいという組合員の声に応え、西日本産の野菜一週間セットを配布したところ、通常の二〇倍にあたる約八〇〇セットの申し込みがあった。「地元生産者を見捨てるのか」という声もあるが、すでに外部被曝をしている福島県民には、一一年に限って、内部被曝を減らす手立てを提供したい、という。

2　低線量被曝

「直ちに健康に影響はない」

福島県を中心に、「静かなパニック」が広がったのは、初期の放射線被曝の実態がわからないまま、「直ちに健康に影響を与えることはない」という発表を信じた人々が、政府の見解に不信感を抱いたからだった。

これについて、当時の官房長官で、九月一二日に経済産業相になった枝野幸男氏は、就任後の会見で、記者からこう質問された。

「原発事故の際に、直ちに健康に影響はないといって、住民への避難指示、避難勧告が遅れた。後手に回った結果、大勢の人が被曝したのではないか」

枝野氏はこう答えた。

「私は最初の二週間で三九回の記者会見をやったが、直ちに人体、あるいは健康に影響がないと申し上げたのは全部で七回。うち五回は食べ物についての話だ。万が一規制値を超えることが確認され、出荷規制等が起こる前に、一回とか二回とか、口にしてしまった可能性があるとしても、健康に影響を及ぼすことではないと申し上げた」

実際、官房長官当時の会見録によると、枝野氏が食べ物以外の話で「直ちに影響はない」と発言したのは二例だ。三月一六日午後、放射線モニタリングの結果について、「本日測定をされ、発表をされた数値については、直ちに人体に影響を及ぼす数値ではないというのが、現在の概略的な御報告でございます」と述べたのと、一八日午前、周辺モニターについて、「若干高い数値が出ているポイントについても、直ちに人体に影響を与える数値ではない」と発言したことである。

「内閣の顔」である官房長官は、たしかに「直ちに健康に影響はない」と繰り返したのではなかった。だが、これを政府全体に広げてみると、各種発表には、この表現が多く見られた。たとえば原子力安全・保安院が三月二二日に発表した「福島第一原発における海水サンプリング分析」では、「測定結果によれば、濃度基準は超えているものの、現状、二〇キロ圏内においては避難措置をとっているところであり、当該海洋域の現在の利用状況にかんがみ、直ちに人体の健康への問題とはならないと考えられます」と述べた。

また、保安院が四月四日にまとめた原発事故の報告においても、文科省と現地対策本部によるモニタリングについて、「(地点によっては)最大値毎時一七〇マイクロシーベルトとなったが、その後低下し、直ちに健康に影響を与えるものではない」としている。

さらに保安院は、四月二一日午後三時半に発表した「地震被害情報」でも、福島第一原発敷地内からプルトニウムが検出された点について、「過去の大気圏内核実験において国内で観測されたフォールアウト(放射性降下物)と同程度であり、通常の環境レベルで人体に問題となるものではない」と表現した。

二〇ミリシーベルトをめぐる混乱

福島を中心とする住民の不安が募ったのは、四月に入って放射線による汚染の実態がわかり、二二日には政府が、原発から三〇キロ圏外でも汚染が広がる飯舘村などを「計画的避難区域」に指定し、全村民を避難させるよう要請してからだった。指定の基準は、事故発生からの年間放射線積算量が、二〇ミリシーベルトを上回る恐れがある地域である。

では「二〇」という基準はどこからとられたのか。四月一一日の政府方針決定にあたって助言をした原子力安全委員会は、同じ日の記者ブリーフィングで以下のように説明した。

放射線防護の線量には三つの基準がある。

A　**事故発生初期、大きな被曝を避けるための基準**　「避難」の場合には五〇マイクロシーベルト、「屋内退避」の場合には一〇マイクロシーベルト。いずれも年間積算量ではない。この段階では同心円で避難なり、屋内退避をして、行動が速やかに行われるようにする。国際基準をわが国の原子力安全委員会の指針に取り入れている。

B　**緊急時、事故が継続する場合の基準**　事故による放出源がまだ続いていて、汚染による被曝も実際にあり得る状況の中でどのように管理をしていけばよいのかを定める。国際放射線防護委員会(ICRP)は二〇～一〇〇ミリシーベルト／年を勧告している。この基準は日本の防災指針の中にはなかった。そこで一〇日にヒアリングをした上で、二〇ミリシーベルト／年を、計画的避難区域に設定することが妥当と判断した。どの値をとるかについていろいろな意見があったが、「合理的に達成することができる限り低く」ということを考え、下限に設定した。

C　**事故収束後の汚染による被曝の基準**　一～二〇ミリシーベルト／年。この段階は事故による放出源は収束している。ただ汚染が残っているため、被曝が継続する。CもBと同様に、我が国の防災指針の中にはまだ取り入れられていない。

ＩＣＲＰは、世界各国約二五〇人の専門家による学術ネットワークで、これまで多くの国の安全基準の目安を提供してきた。今回、原子力安全委員会が採用したのは、二〇〇七年にＩＣＲＰが採択した勧告基準だった。

この時点で安全委員会は、次のように説明していた。

「今はプラントがまだ不安定で、何らかのアクションをとらなければいけないレベルなんです。その際のレベルを二〇ミリシーベルトというふうに安全委員会は決めた。事故が収束した際には、汚染レベルはできるだけ低く、一～二〇ミリシーベルトの中でできるだけ被曝を小さくするように、管理あるいは監視をしていく」

つまり、今は基準となる年間累積線量を下限の二〇ミリシーベルトとするが、事故が収束すれば、一～二〇ミリシーベルトの中で、値をできるだけ低くする、という考えだ。

文科省が「二〇ミリ」暫定基準

ところが、四月一九日に文科省は、福島県内の小中学校や幼稚園などで、校舎や校庭の利用を判断する目安として、「年間被曝量が二〇ミリシーベルトを超えない」ようにする、という暫定基準を発表した。その数値は、「緊急事態収束後の年間被曝量は一～二〇ミリシーベルトの範囲」（傍点は筆者）というＩＣＲＰの目安を参考にしたという。

文科省はまた、校庭の放射線量が毎時三・八マイクロシーベルト以上の学校などで屋外活動を制限するとした。この数値は、屋外で二四時間、同線量を一年間浴びると二〇ミリを超える。だが、校舎や自宅などで一六時間過ごすと、被曝量は約六割で、二〇ミリ以下になるという。文科省は、この基準を超える福島市や郡山市、伊達市の小中学校と幼稚園など一三施設で、校庭や砂場などの屋外活動を日に一時間程度にとどめるとした。

しかし、「今はプラントがまだ不安定」と原子力安全委員会が認定してから、わずか八日後のことである。まだ原発では「緊急事態」が続いているのに、文科省は「緊急事態収束後」と認定して、その目安の最大値を暫定基準にするのだという。その基準値は、「計画的避難」を指示する際の値と同じだった。

これに対し、三月一六日から内閣官房参与を務めてきた小佐古敏荘東大大学院教授が四月二九日記者会見を開き、辞任の意向を表明し、翌日に辞表が受理された。放射線安全学が専門の小佐古氏は会見で、暫定基準の二〇ミリシーベルトについて「とんでもなく高い数値であり、容認したら私の学者生命は終わり。自分の子どもをそんな目に遭わせるのは絶対に嫌だ」と訴え、「通常の放射線防護基準に近い年間一ミリシーベルトで運用すべきだ」と語った。

福島や郡山などの地元では、子どもを持つ親たちが不安を募らせ、文科省への反発が広がっていた。

その中心になったのは、五月一日につくられた「子どもたちを放射能から守る福島ネットワーク」だった。これは児童生徒をもつ親が、被曝情報を求めてネットで連絡を取り合い、自然発生的にうまれたグループだ。

事故後しばらく、県外から招かれたある学者は、「年間二〇〜三〇ミリシーベルトなら心配することはない。外で遊ばせなさい。一〇〇ミリを超えたら心配しましょうね」という安全キャンペーンを展開していた。しかし、親たちがネットなどで見る情報は、明らかに違った。四月二五日、心配した親たちが集まり、何ができるのかを話し合った。

文科省が打ち出した暫定基準について、福島ネットワークの親たちは、平時の許容限度の二〇倍にあたる二〇ミリシーベルトが、事故後の「安全基準」として独り歩きすることを恐れた。五月二三日には七〇人が文科省に行き、全国から集まった六〇〇人の支持者と一緒に、「暫定値二〇ミリシーベルトの即時撤回」などを求めた。

こうした反発の結果、文科省は五月二七日、「二〇ミリシーベルト」の看板は下ろさないものの、「当面一ミリシーベルトを目指す」として、事実上、「暫定値二〇ミリシーベルト」を棚上げすることになった。

さらに高木義明文科大臣は八月二六日の会見で、二〇ミリシーベルトという基準値の「撤廃」を明らかにした。

高木大臣は、「撤廃ということでなくて、二〇ミリシーベルトという数値は、ICRPの勧告を一つの目安にして、できるだけ線量を下げていくということでした。そういう努力をした結果、少なくとも一マイクロシーベルト以下の値になり、一定の役割を終えた」と話した。

低線量被曝の謎

「二〇ミリシーベルト」をめぐる混乱の背景には、そもそも低線量被曝のリスクが不透明で、専門家の意見が異なるという事情があった。広島・長崎での被爆者の追跡調査などから、時間をかけて一〇〇ミリシーベルトの放射線を浴びた場合には、将来、がんや白血病になる確率が一・〇五倍になる、という点では多くの専門家が一致している。それ以上なら、被曝に比例してリスクは高まる。

しかし、それ以下の「低線量被曝」については、「低線量でも直線的には下がらず、リスクは残る」という見解と、「一定の閾値《いきち》以下ではリスクがなくなる」という見方が対立している。

この点については、五月二〇日に衆議院で開かれた科学技術・イノベーション推進特別委員会に参考人として出席した四人の専門家の証言が核心に触れている。

原子力安全委員会の久住静代氏は、「がんの影響は国際的な理解では、一〇〇ミリシーベルる」のが国際的な考えだと位置づけた。

ト で〇・五。一〇〇〇人中五人」という前提をとりながらも、「日本人が、がんで亡くなる割合を三〇~四〇%とすると、一〇〇〇人のうち三〇〇~四〇〇人ががんで亡くなる。疫学調査の手法では、そのうちの五人を検出できない」と述べ、「一〇〇ミリシーベルト以下では少なくとも明らかな影響は検出できないという認識のもとに、放射線防護のためにはできるだけ安全サイドを考えるということで、閾値を設けず、ゼロから比例的に増加するという考え方をとる」のが国際的な考えだと位置づけた。

その後登場した琉球大学名誉教授の矢ヶ崎克馬氏は、「内部被曝は、外部被曝よりも非常に大きい。日本では、内部被曝が決定的に無視されているというのが学会の姿であり、大変困った状態」と指摘した。

また、高木学校の崎山比早子氏は放射線とDNAの関係について、「影響は放射線の量に比例して増える。一ミリシーベルトを被曝すると、細胞の核に平均して一本放射線が通る。一〇〇〇ミリシーベルト被曝すると、それが一〇〇〇倍になる。傷の質は変わらず、量的な差だ。それが放射線に安全量がないと言われるもとだ」と語った。さらに、核の中にあるDNAへの損傷について、「放射線のような高エネルギーで切れた複雑な傷は、正しく治すことが難しい」と述べ、低線量域でも晩発性のがんが確率的に出てくるので、「放射線には安全量はないということが国際的な合意事項になっている」と語った。久住氏が「低線量で明らかな影響は検出できないが、防護のために閾値を設けず、直線比例する考えを採用した」という立場なのに対して、「低線量でも明らかに危険性がある」という考えだ。

続いて中部大学教授の武田邦彦氏は、原発に携わった経験をもとに、「原発の技術体系全体が一年に一ミリシーベルト以上は危険だという前提でつくられている。一年に二〇とか一〇〇ミリシーベルトは大丈夫ということになると、原発の安全基準から設計基準から全部変えなければならない」と述べ、「国際的に一年一ミリシーベルトと決まっているものを今さら変えてはならない」と語った。

また、「除染の努力をせずに基準を二〇ミリに上げたり、放射性物質が入っている野菜が基準以下だから安全宣言をするなど、無駄なことだ。問題は被曝の量を減らすことだ」と語り、政府がただちに大規模な除染に取り組むよう求めた。

この委員会では民主党の空本誠喜議員らが、「チェルノブイリでは九一年に、年間五ミリシーベルトで強制移住をする法律を通した。学校などで二〇ミリシーベルトを適用するとどんな影響があるか」と質問した。

これに対して久住氏は、「もちろん、一から一〇というときは一〇から一を、できるだけ努力をして目指すという精神が入っている。たとえ二〇にしても、二〇からできるだけ早く一を目指すという精神は入っている」と答えた。崎山氏は「特に胎児や小児は細胞分裂が盛んなので、放射線に対する感受性は大人よりもずっと高い」と指摘した。また矢ヶ崎氏は、「安全神話は、単なる原子炉のやり方ではなくて、人権に対する無視、これが決定的ではないか。きめ細かな住民、子どもたちに対する視点があるなら、二〇ミリまで上げて、たくさん被曝しても、その場しのぎをしようという考え方は絶対出てこない」と批判した。

武田氏は、技術者の立場から、おおむねこう語った。「ある合意をしてそれを実施するのが技術者としての責務。一ミリを二〇ミリにすることはできない。なぜかといえば、一〇〇ミリ以下は明確な学問的な結論が出ないからだ。明確な学問的な結果が出ていないのに、二〇ミリが安全ということは科学者としては言えない。二〇ミリはわからないということしか言えない。社会的な合意ではもちろん一年一ミリの範囲にとどめるべきだ」。

さらに武田氏の次の言葉は、「二〇ミリ問題」の核心をつく指摘だろう。

「原発をつくったときに、被曝するときにどうするか、例えば水は国家が用意するのか電力会社が用意するのか、子供たちが被曝したら疎開の小学校は用意しておくのかといった日本社会の対応が、法律上も、電力会社の倫理上も、技術者の側も、ほとんど抜け落ちていた。さらに輪をかけて、子供たちに二〇ミリシーベルトというのが安全であると。そういうような小手先のことではなくて、被曝している人たちをどうするかを、早急に決めて行動していかなければいけない」

「二〇ミリ問題」の本質は、健康に影響があるかないか、という学問的な争いではない。放射線防護は、「一ミリシーベルト以下」という国際合意ができており、社会はその範囲で原発を受け入れてきた。事故が起きたからといってその基準を、「〇〇ミリ以下なら安全」と切り上げることは、負けそうになってから、ゲームの基本ルールを変更するようなものだ。どんな困難が待ち受けていても、その目標を目指す。そうなって初めて、世界は「3・11後の日本」を受け入れてくれるだろう。

3　内部被曝と除染

転機となった専門家たちの証言

後から振り返ったとき、二〇一一年七月二七日に開かれた衆議院厚生労働委員会は、政府が大規模除染に向かう節目になったと位置づけられることだろう。この日は、放射線防護などの専門家六人が参考人として出席し、放射線の健康への影響と除染について見解を述べた。とりわけ、東大アイソトープ総合センター長の児玉龍彦氏の証言は、インターネットなどを通じて広く知れ渡り、社会に大きな反響を呼んだ。

それまで政府は原発から半径二〇キロ圏内を警戒区域として立ち入りを禁じ、年間累積二〇ミリシーベルト以上になるおそれのある飯舘村などを「計画的避難区域」にして村民の立退きを求めた。だがその範囲外であっても放射線量の高い福島市や郡山市の親たちから、不安は去らなかった。高濃度の雨が降った三月一五日前後に、子どもたちがどれほど被曝したのかわからず、その後も下がらない線量や汚染食物への心配を募らせたからである。

マスコミに登場する専門家の見解はそれぞれ異なり、誰を信じてよいかわからなかった。この程度の汚染なら心配はいらない、という人もいれば、一ミリシーベルト以上なら子どもは避難すべきだ、という人もいた。そうしたなかで登場した六人は、専門的な知識に基づく議論の土台を提供し、問題点をほぼ網羅することになった。

初めに登場したのは、放射線医学総合研究所（放医研）理事の明石真言氏だった。放医研は、緊急被曝医療の中心的機関であり、線量評価などもおこなう。いうなれば、政府機関当事者であり、薬事・食品衛生審議会でも放射性物質対策部会員を務めている。

明石氏はまず、放医研が震災から一七時間後に医療チームを現地に派遣して被曝について科学的な評価をおこなったこと、最近では、汚染レベルが高い地域での体内汚染を、体の外から「ホール・ボディ・カウンター」という装置で計測し、同時に、尿中に出る放射性物質のレベルも測定したと述べた。そして「幸いにして、住民の体内被曝に関して今まで出た結果では、住民に健康影響が出るような線量にはなっていなかった」と語った。

だが、「ホール・ボディ・カウンター」は、測定した当日に体内にどれぐらい放射性物質があるのかということしか測れず、限界があるとも認めた。体内の放射性物質は代謝などで減っていくため、過去の被曝線量は分からないためだ。明石氏はこの点について、「より早い時期に線量評価を行って、住民の方々に正確にお伝えすることができたら、より不安は小さくなったのではないかと、多少悔やんでおります」と語った。

また放射線については、「正しい知識で正しく怖がる」姿勢を身につけることが必要だと話した。

食の安全性

次に登場した日本学術会議副会長の唐木英明氏は、食品安全の専門家としての立場から、規制についての仕組みを説明した。

一般の化学薬品については、「安全と危険の境目」にあたる閾値があり、それから一〇〇分の一かそれ以上の安全係数をかけて、一日摂取許容量を設定する。これは一生の間、毎日食べ続けても体に影響がない量で、「安全と危険の境目」よりもずっと厳しい。つまり、規制値は「安全と危険の境目」ではなく、行政が対策を始める目安である。

ところが放射性物質には、「安全と危険の境目」がない。しかも、その物質はすでに存在している。これをどうやって規制したらいいのか。唐木氏は次のように説明する。

一〇〇ミリシーベルト以下の低線量のリスクは、ゼロではないが極めて小さい。ＩＣＲＰは、今回のような緊急時には、一〇〇ミリシーベルト以下であれば許容できると勧告している。厚労省は、食品全体で年間五ミリシーベルトを超えないようにするという暫定基準を設定した。これは非常に厳しい数字だ。この五ミリを肉や魚、卵など五種類の食品群に一ミリずつ当てはめ、日本人の平均摂取量によって、さらに内訳を決める。その結果、たとえば牛肉はキログラムあたり五〇〇ベクレル、シーベルトに換算して〇・〇〇八ミリという厳しい数値になった。

これは「安全と危険の境目」ではなく、これを超えたら行政が対策を始めるという警戒の基準に過ぎない。かりに基準を一〇倍超える牛肉を毎日一キロ、六三日間食べ続けて、やっと五ミリシーベルトに近づくが、それさえ安全な値なので心配しなくてもいい。唐木氏はそう説明した。

長崎大学名誉教授の長瀧重信氏は、放射線影響研究所で被爆者の調査と治療をおこない、チェルノブイリ原発事故について何度も現地調査を続けてきた。

放射線には、直後の急性影響と、六〇年以上過ぎても認められる晩発影響があるが、後者は個々の患者をいくら調べても放射線の影響かどうかは分からず、疫学的、統計学的な手法によらざるを得ない。放影研では一二万人を一九五〇年から追跡調査して死因や罹患した病気と被曝線量の関係を調べてきた。その結果は、被曝線量と発がんリスクは直線関係であり、疫学的には一〇〇ミリシーベルト以上について有意な関係があった。

一〇〇ミリシーベルト以下は、他のがんのリスクのために、放射線の影響だけを観察することは難しい。疫学的な方法としては、これ以下の影響は科学的に証明されていない。

チェルノブイリでは、原発周辺で二四万人が汚染除去作業で一〇〇ミリシーベルトを被曝したが、健康影響は認められなかった。避難した一一万四〇〇〇人が平均三三ミリシーベルト被曝し、住み続けた二七万人が五〇ミリシーベルトを被曝し、五〇〇万人が一〇～二〇の線量を被曝した。放射線に起因する健康影響の証拠は認められなかったが、例外として、汚染されたミルクを飲んだ子ども六〇〇〇人が甲状腺がんにかかった。

ＩＣＲＰは、一〇〇ミリシーベルト以下でも放射線の影響があるという仮定で防護を考え、経済的および社会的な考慮をおこなった上で、「合理的に達成することができる限り低く維持する」という方針を示している。この精神からいうと緊急時には当然、影響が認められている一〇〇ミリシーベルトまでは許容範囲に入る。

福島原発事故は、未曾有の緊急事態で、事故はまだ収束していない。住民被害を最小にすることを最大の目的として、冷静に住民とのきめ細かい対話を繰り返すことが、「合理的に達成することができる限り低く維持する」という精神だ。決して線量だけが問題ではない。長瀧氏はそう締めくくった。

原爆症と「内部被曝」

こうして三人の専門家が、どちらかといえば政府の対策と基準を支持したのに対し、次に登場した名古屋大学名誉教授の沢田昭二氏ら三人は、それぞれ違う視点から、鋭く異論を展開した。

沢田氏は、一三歳のときに広島爆心地から一四〇〇メートルの地点で被爆した。九〇年代末から広島と長崎の原爆の放射線を測定するグループに入り、政府が原爆症の認定で採用するモデルが、遠距離での被曝を過小評価していることに気づいた。

ここで補足すると、「原爆症認定」とは、厚生労働省が認定し、医療特別手当を支給する仕組みを指す。大半の被爆者が門前で却下されてきたため、〇三年から全国各地の地裁で集団訴訟を起こし、国が一九連敗をした。

原爆症の認定には、①「放射線が原因で発病するか、治癒能力が低下した」(放射線起因性)と、②「医療が必要な状態」(要医療性)という二つの条件を満たす必要がある。

このうち①について厚労省は、爆心地からの距離をもとに被曝線量を計算し、年齢なども加えて発病に与える「原因確率」を機械的にあてはめ、一〇％以上を認定していた。このモデルによれば、二キロより遠い「遠距離被曝」や投下後の「入市被曝」は、ほとんどが「原爆症」には認定されないことになる。

提訴した多くの被爆者は、この認定モデルは爆発直後の「初期放射線」だけをとらえ、その後も長く放射線を出す「誘導放射能」や、広範囲に降る「黒い雨」などの「放射性降下物」といった「残留放射線」を無視していると指摘した。これらは「外部被曝」を起こすだけでなく、呼吸や飲食で「残留放射線」を体内に取り込むと、長期にわたって「内部被曝」を起こすからだ。

敗訴し続けた国は〇八年から認定基準の見直しを進め、「爆心地から約三・五キロ内で直接被爆」「原爆投下から約一〇〇時間以内に、爆心地から約二キロ内に入市」「原爆投下から約二週間以内に、約二キロ内に一週間程度滞在」という条件では「積極認定」に転じた。だが国の方針は基本的にはこれまで、原爆症が初期放射線によって起こり、「内部被曝」についてはほとんど影響を無視できる、という考えに立っていた。

沢田氏の証言に戻ろう。沢田氏は、原爆症認定訴訟にかかわるにあたって「放射性降下物」の影響を調べる必要性に気づき、研究を進めた。沢田氏は、広島での脱毛に着目し、放影研などの追跡調査から、初期放射線を浴びていない低線量の地域でも発症していることを明らかにした。原因は、主に放射性降下物による「内部被曝」と考えるしかない。

さらに、「下痢」については、爆心地の近距離で発症率が小さく、遠距離では逆に発症率が高くなっていた。近距離では初期放射線が大量に到達する。腸の内壁まで到達するガンマ線は、まばらに電離作用をし、透過力が強いため、下痢は発症しにくい。しかし、遠距離の「内部被曝」では、透過力の弱いベータ線が力を発揮する。密度の高い電離作用を起こすベータ線は、エネルギーを急速に失い、体内に入ると、一センチも動かないうちにとまってしまう。そうした放射性物質が接近したまま動かなくなると、腸壁に大きなダメージを与え、下痢が発症する。生体分子には、切断されると修復する機能があるが、接近するベータ線に切断されると、誤って修復する可能性が高まり、「内部被曝」の影響は大きい。

沢田氏は、「放影研の研究は、近距離の初期放射線の影響は明らかにしたが、遠距離の内部被曝については余り貢献をしていない」と指摘し、今回の福島原発の事故では、「内部被曝」を十分に考慮する必要がある、と強調した。

汚染総量と除染

続いて登場した児玉氏は、冒頭で衝撃的なデータを報告した。

今の放射線障害防止法は、高線量の放射性物質が少量あることを前提にしており、総量よりも、個々の濃度を問題にしている。福島原発の事故では一〇〇キロ圏で五マイクロシーベルト、二〇〇キロ圏で〇・五であり、総量こそが問題だ。アイソトープ総合センターの計算では、次のようになるという。

「熱量で広島原爆の二九・六個分、ウラン換算で二〇個分が漏出している。恐るべきことには、これまでの知見で、原爆による放射線の残存量が一年たって一〇〇〇分の一程度に低下するのに対して、原発からの放射性汚染物は十分の一程度にしかならない。つまり、今回の福島原発では、チェルノブイリと同様、原爆数十個分に相当する量と、原爆汚染よりもずっと多量の残存物を放出した」

総量が少ない場合には、個人にかかわる濃度だけを見ればいい。だが総量が膨大だと、細かい粒子がたくさん放出され、拡散する。今やるべきは、汚染地での徹底した測定だが、三カ月たっても全くおこなわれていない。

二つ目の問題は「内部被曝」だ。DNAは二重らせんのときには安定的だ。細胞分裂のときは、二重らせんが二倍になり、四本になる。この過程が大変に危うい。胎児や子ども、成長期の増殖の盛んな細胞に、放射線障害の危険が大きくなる。大人でも髪の毛、腸管上皮など増殖や分裂の盛んな細胞に影響する。

内部被曝においては、「何ミリシーベルト」といった数字に意味はない。トロトラストは肝臓に集まり、セシウムは尿管上皮、膀胱に集まる。これら体内の集積点を見なければ、全身をいくらホール・ボディ・カウンターで調べても意味がない。

ヨウ素131は甲状腺に集まる。最も特徴的なのは子どもの成長期の甲状腺形成期だ。だが九一年にウクライナの学者が甲状腺がんの多発を報告したとき、日米研究者は雑誌「ネイチャー」に、因果関係がわからないと投稿した。事故が起きた八六年以前のデータがなく、「統計学的に有意」と言えないからだという。

有意とわかったのは、二〇年後だ。八六年から多発した甲状腺がんのピークが消えたために、過去のデータがなくても因果関係があることが明確になった。疫学的な証明は、全ての事例が終わるまで困難だ。子どもを守る観点からは、全く違った方法が求められる。

センターは、毎週四人ずつの所員を派遣し、南相馬市の除染に協力してきた。二〇〜三〇キロという区分には意味がなく、幼稚園ごとに細かく測らないとだめだ。南相馬の中心は海側で、学校の七割は比較的線量が低い。ところが、子どもたちは線量の高い三〇キロ以遠の学校にスクール・バスで強制的に移動させられている。このような事態は一刻も早くやめてほしい。補償がからむ線引きの問題と、子どもの問題はただちに分けてほしい。

児玉氏はこうした事例をあげ、三つの緊急提言をした。第一は、国をあげて食品、土壌、水の測定に最新鋭機器を投入してほしい。第二に、子どもの被曝を減らすため緊急に新法を制定してほしい。というのも、今の除染は、現行法規違反になるからだ。南相馬の施設にはセシウムの使用権限がなく、運搬も違反だ。だが現地に高線量の物質を残すわけにはいかず、除染後はドラム缶に詰めて東大に持ち帰る。こうした事態を放置しているのは国会の責任だ。児玉氏は語気を強めた。

「手足を縛られたままで、どうやって国民の総力をあげて子どもが守れるでしょうか。これは国会の完全なる怠慢であります」

第三は国をあげて、民間の除染技術のノウハウを結集し、現地に除染研究センターをつくってほしい。児玉氏は声を振り絞り、発言の最後をこう締めくくった。

「どうやって除染を本当にやるか。七万人の人が自宅を離れてさまよっているときに、国会は一体何をやっているのですか」

「汚染と向き合う」

最後に登場した京都大学原子炉実験所助教の今中哲二氏は、三月一五日に福島原発二号炉の格納容器が破壊された段階で、「チェルノブイリと同じ事態が福島で起きた」と考え、「日本も放射能汚染と向き合う時代になった」と語った。

今中氏は、さまざまな統計をあげながら放射線の人体への影響をわかりやすく説明し、「結局、放射線被曝の晩発的影響については、直線モデルが最も合理的で、批判に耐えられるタフな仮説であろう」という考えを述べた。低線量でどのくらいの影響が出るのかは、わからない。しかし、閾値がなく、低線量でもそれなりに影響があるという考え方では、被曝の基準値はあくまで「我慢量」と解釈すべきだろう。どこまで我慢するのかについては、社会的、個人的判断で決まる問題なので、一般的な答えはない。

通常時の一般公衆の被曝基準値は年間一ミリシーベルトだ。ＩＣＲＰによれば、この数値は、一般公衆が被曝に対して気にせず、神経質にならずに普通に生活できる量である。放射線作業従事者は、年間二〇ミリシーベルトであり、これは被曝によってこうむるマイナス面が、普通の産業の労働災害と同じレベルになると見積もった数字で、それなりに根拠がある。今回の場合、子どもの感受性が大きく、大人に比べて将来、非常に長い人生を生きるという点で、子どもの被曝はなるべく少なくするべきだ。

また今中氏は、その後質疑に答える形でチェルノブイリでの調査結果について触れ、「事故が起きてから二週間の間に何が起きたか、はっきりしたことはいまだにわからない。避難者について、きちんとした追跡調査もない。きちんとした調査のないところに影響は観察されない」と述べ、チェルノブイリ事故では甲状腺がん以外に影響はなかった、ということに大きな疑問を示した。

この委員会で明らかになったことは、専門家の間でも、低線量被曝の影響については見解が分かれ、「科学的に証明できない」ということが共有する唯一の前提になっているということだ。したがって、何ミリシーベルト以上なら危険、それ以下なら安全という「境目」はない。それは、あくまで政策であり、事故が起きたあとの「緊急時」に、政府が示す「目安」でしかない。

児玉氏は、今回の事故で専門家に「安全・危険論争」を委ねるのは無意味であり、無責任だと指摘した。場所によってまったく汚染度が異なるのだから、何ミリ以下なら安全とか、帰還できるというのも、また無責任だ。大切なのは、原爆以上に大量の汚染物質が拡散した現実に向き合い、詳細な汚染マップを作り、除染を急ぐことだ。児玉氏の主張は、「安全・危険」の判定を政治家や専門家に仰ごうとして、かえって混乱していたメディアや世論を、大きく動かすきっかけになった。

沢田氏ら、「内部被曝」の影響を調べてきた専門家の業績も、今回の事故で改めて注目を集めた。戦後六〇年以上を過ぎて、広島・長崎の被爆者が訴え続けてきた「内部被曝」、「晩発性」がんの問題が、私たちの現実、子どもたちの将来として目の前に突きつけられているからだ。

福島県は五月二七日、二〇〇万の全県民を対象に、三〇年程度の健康調査をすることを決め、六月中旬にスタートさせた。県民が事故当時、どれだけ被曝したのかというデータはない。問診票で、事故後二週間について細かな行動記録をつけてもらい、推計をする。他方、放射線の高い地域では、ホール・ボディ・カウンターなどで全身の線量を測り、尿検査もする。これと行動記録の相関関係を調べ、他の人の推計にも役立てる。福島県は一〇月九日から、二年半をかけて一八歳以下の子ども三六万人の甲状腺検査をおこない、生涯検査をおこなうことも決めた。

すでに見てきたように、ホール・ボディ・カウンターでは、計測時点での線量を測ることしかできない。すでに尿や便などで排泄された放射性物質で、個人がどれほど被曝したのかは不明だ。六月になってから、事故後二週間の行動記録を思い出すことも難しいだろう。

なぜもっと早く、調査に乗り出さなかったのか。そこに、「低線量被曝は、さほど影響しない」とか、「内部被曝は無視していい」という思い込みはなかったのか。検証すべきことは数多いが、事故によって放射能汚染が起きたいま、私たちは現実に向き合うしかない。その際に心すべきは、数十年単位で子どもたちの健康を見守り、間違っても機械的な線引きで被爆者を切り捨ててきた過ちを繰り返さないことだろう。

なお、放射性物質汚染の管理や対策の難しさについて、二つの事例が社会的に大きな注目を集めた。一つは、牛に与える稲わらに、国の暫定値を超える高濃度のセシウムが含まれていたことだ。これは七月一二日、緊急時避難準備区域に指定された南相馬市の畜産家が出荷した一頭の牛が汚染されたことから問題になった。その後、農水省が、畜産家には注意するよう通知していたものの、飼料の稲わらをだす農家を通知の対象外にしていたことや、福島第一原発から遠く離れた場所でも稲わらが汚染されたことなどから、全国的に問題が広がった。

もうひとつは二〇一二年一月一五日、福島県二本松市の新築マンションで放射性物質に汚染されたコンクリートが見つかった問題だ。これは、計画的避難区域に指定された浪江町の砕石場から出荷した石が原因だとわかった。だが一〇〇カ所以上に使われたといわれる道路や建築物や経路の特定は難しく、今後も余波は続きそうだ。放射性物質については、今後も行政による厳格な長期管理と、その継続的な情報開示の二点が必要となるだろう。

福島原発の事故によって、私たちは、原爆の惨禍に加え、「原発汚染」という新たな重荷を背負う唯一の「被曝国」となった。目を逸らさず、私たちはその現実から出発するほかない。

Ⅲ 再生へ

福島県郡山市富田町にある仮設住宅には，原発立地の富岡，双葉町と，川内村から避難してきた住民が暮らしている（2011 年 10 月）

1　帰還への道のり

警戒区域で

二〇一一年暮れ、大熊町の自宅に一時帰宅するという知人について、福島第一原発から半径二〇キロ圏内の警戒区域に入った。

警察の検問の手前で、薄手の防護服を着た。靴をすっぽりカバーし、上からガムテープでとめる。軍手の上に、ゴムの手袋をはめ、口元をマスクで覆う。夏場は防護服の中がむせ、汗で肌に服がぴったりはりついて始末に困った、という。

原発立地町の富岡町では、防護服を着た大勢の自衛隊員が、役場の草や表土をはぎ取り、モデル除染活動を続けていた。

思いのほか、出入りの作業車が多く、コンクリート・ミキサー車ともすれ違った。原発事故からしばらく、立ち入り禁止が続いたため、震災で陥没したり、マンホールが持ち上がったままに放置されてきた道路が多い。そうした道路の補修が、ようやく始まったのだという。

道路脇の店舗は、表に面したガラスが粉々になっている。屋根の瓦が落ちている家々が目立つ。震災でも家屋は無事だったが、長く留守をしていたため、そうした屋根の隙間から雨水が漏れ落ちて、家の中がカビや苔で覆われた家が多いのだという。

それにしても、原発事故後の風景は、なんと寒々としているものか。家も学校も公園もビルも、すべてはそのまま残っているのに、ただ人だけがいない。おそろしいほどの静けさが広がり、生活音も生活臭も消えてしまった。電気は停まったままの箇所が多く、信号機もついていない。夜になれば、このあたりは、完璧な闇と沈黙に支配されることだろう。

警戒地区のいたるところに，放れ牛がいる（2011年12月）

道路の両脇一杯に、草地が広がっていた。知人によると、もともとは田んぼだったという。真夏にはその田んぼに雑草が伸び、驚くべき生命力で人の背丈ほどに生い茂った。いまはその草も枯れ、薄茶色にほおけている。だが翌年になればまた、旺盛な繁茂で一帯を草原に変えるだろう。

突然、道路脇に黒い牛数頭があらわれ、鼻息を荒げて車を威嚇した。放れ牛である。人の手を離れてから野生化し、気性が荒くなっている。ときには、車に向かって突進しようとする牛もいる。各地に、「放れ牛に注意」という看板が立てられているゆえんである。

「たくましいものだ。原発後、仔を産んだ牛もいる。飼い犬も野生化して生き延び、子どもを産んでいます」と知人がいう。

知人が働いていた大熊町の病院に行った。何度か一時帰宅したが、一度に多くの備品は持ち出せない。手で数字を入れ替える卓上カレンダーは、三月一一日の日付でとまり、そばに転がる置時計は地震の時刻で秒針がとまったままだ。事務用品はそこらじゅうに散らばり、紛れ込んだ野犬が紙や菓子袋を噛みちぎって、その破片が泥まみれで床に散乱している。もう、片付ける気力も、心のゆとりもない、という。

大熊町役場では、民間業者が大勢庭に散って、樹木を伐り、草地をはぎ取り、側溝の泥をかき出しているところだった。いずれは大規模除染の拠点とするため、まず役場をきれいにするのだという。だが、こうした警戒区域に住んでいた住民は、将来に懐疑的だ。

「田んぼや山地が広がる町全体を除染するなど、とてもできないだろう。いったん除染しても、高線量地域から放射性物質が移動してくれば、元の木阿弥だ。それに、水道の水が汚染されたままなら、地域の線量が下がっても、帰ることはできないだろう」

帰還への道のり

一二月に入って、政府の動きはにわかに慌しくなった。一五日には、野田佳彦政権として初めて、避難基準に年間累積二〇ミリシーベルトという基準を設定したことが「妥当」だったとの結論を示した。翌一六日には、福島第一原発が工程表のステップ2にあげた「冷温停止状態」を達成したことを確認し、「事故そのものは収束に至った」と宣言した。

また一八日には、これまでの同心円状の避難区域を見直し、放射線量を基準として、①年間二〇ミリシーベルト未満を「避難指示解除準備区域」、②二〇～五〇ミリシーベルトを「居住制限区域」、③五〇ミリシーベルト以上を「帰還困難区域」にすることが決まった。

①は、早ければ二〇一二年春から六、七月にかけて指示を解除し、生活インフラの復旧や子どもの生活圏の除染をみながら段階的に帰還する。②は除染によって数年程度で帰還できる見込みだが、③になると、五年以上は帰還できない地域となる。原子炉を廃炉にするまで、数十年にわたって無人の地となる可能性があり、希望者がいれば土地の買い上げや借り上げをするという。

政府がとった一連の措置は、互いに深く連動している。「避難基準は年間二〇ミリシーベルト」＋「原発は冷温停止状態」＝「帰還へ」という図式である。

この図式の背後には、前に第Ⅱ部第7章の2「低線量被曝」であげた四月一一日の原子力安全委員会の考え方がある。今一度、原発事故後の基準を振り返ると、次のようになる。

- **「緊急時、事故が継続する場合の基準」** 事故による放出源がまだ続いていて、汚染による被曝も実際にあり得る状況。国際放射線防護委員会（ICRP）は「年間二〇～一〇〇ミリシーベルト」を勧告。委員会は、「合理的に達成できる限り低く」という考えから、下限の二〇ミリシーベルトに設定。
- **「事故収束後の汚染による被曝の基準」** 年間一～二〇ミリシーベルト。この段階は事故による放出源は収束しているが、汚染が残っているため、被曝が継続する。

この区分を踏まえて政府は、まずこうした基準設定が「妥当」であることを追認し、「原発事故は収束した」と判断し、「緊急時」の基準から、「事故収束後」へと軸足を移したことになる。つまり、「事故収束」を宣言した一六日を境に、原発をめぐる状況は、「緊急時」から、「事故収束後」へと切り替わったのである。

だが、避難する人々の現状は、その前と後で少しも変わっていない。「事故収束宣言」に対して一八日、福島県の佐藤雄平知事が、「福島県の実態を知っているのかという気持ちだ」と不快感を示したのも当然だろう。

一連の措置には、かなりの無理を承知で寄せ木細工のような論理を組み立て、「安全」を国内外にアピールしようとする政権の意図が透けて見える。

野田政権が「これまでの基準設定は妥当」と判断した根拠は、有識者による「低線量被ばくのリスク管理に関するワーキンググループ」の報告書だった。このグループは一一月九日から一二月一五日まで、一カ月余りに八回の会合を開いただけで結論を出した。共同主査は、前川和彦・東大名誉教授と、第Ⅱ部の終わりの「内部被曝と除染」で発言をご紹介した長瀧重信・長崎大名誉教授だった。

このグループは、避難区域の設定について、ICRPが緊急時被曝を年間二〇～一〇〇ミリシーベルトに定めていることをあげ、「安全性の観点からもっとも厳しい値を採用」したという。チェルノブイリの事故後一年間の被曝限度が一〇〇ミリシーベルトだったのに比べ、「現時点では、より厳格」な基準だとしている。年間二〇ミリシーベルトの被曝については、「健康リスクは他の発がん要因と比べても低い」として、喫煙や肥満、野菜不足や受動喫煙のリスクを例にあげた。「達成可能な限り、被曝線量を少なくする努力が必要だ」とはしているが、基本的には「低線量被曝」や「内部被曝」のリスクの大きさを認めず、空間線量だけを取り上げて判断している。この間、親たちの不安をかきたてた長期的なリスクについては、目をつぶったまま出した結論といわざるを得ない。

政府による「冷温停止状態」という表現も「年内収束」を目指した作文に近い。「冷温停止」は、放射性物質を密閉した状態で、継続的に安定冷却できていることを指す。だが炉心溶融を起こした福島第一原発では、溶けた燃料がどのような状態かも判断できない。冷却方法も、汚染処理水を総延長約四キロのホースや配管で循環させる仮設装置にすぎない。とても「継続的」に安定冷却しているとはいえない状態だ。いまだに、放射能汚染水が海に漏れだす事故を繰り返しており、地下水への影響も未知数だ。「事故収束」を宣言するには、あまりに頼りない現状だろう。

政府は、無理のあるこうした二つの前提を結びつけ、避難区域を三つに再編した。判断の目安となる二〇ミリ、五〇ミリシーベルトの値は、いずれも「地上から高さ一メートルの放射線量」を指標としており、内部被曝を考慮する姿勢はみられない。

もともと、同心円状に出した避難指示には無理があり、遅ればせながらも、「計画的避難区域」などを設定したことには意味があった。同じ区域であっても、線量の多い地域、低い地域があるのだから、それを実際の線量で再区分することにも、賛同できる。しかし、かなり乱暴な二つの前提をもとにして、空間放射線量だけを基準に「帰還」の線引きをするのは、やはり「機械的」だとの批判を免れないだろう。

このまま走り出せば、原発被災地に帰還するのはお年寄りだけで、病院や学校、商店、産業が空洞化し、過疎化がどんどん進むといった事態を招きかねない。町村単位で、住宅や産業をどう再配置するのかを決め、国が財政的にそれをどう支えていくのかを明確にしなければ、多くの人が、「帰還」から取り残されていくことになるだろう。

2　3・11――未来への原点

被災地で

二〇一一年も暮れようとするころ、再び岩手、宮城、福島の三県を南下した。私が住む北海道では、すでに雪が降り、路面が凍って道行く人が足を滑らせて転ぶような季節になっていた。しかし、東北はまだ厳寒には間があり、南に行くにしたがって、灰色の景色に緑が混じり、それが色濃くなっていく。

だが、宮古、釜石、大船渡、三陸高田と南下を続けていくと、震災から九カ月もすぎてなお、復旧への確かな足取りが見てとれないことに、焦りと苛立ちを感じないわけにはいかなかった。

大きながれきの山は取り崩され、主要道路が開通した。だが宮古市田老や大船渡、三陸高田など、大津波の被害が大きかった地区には広大な更地が広がり、失ったものの大きさを見せつけている。釜石市の中心部では、まだ解体すらされていない被災ビルが立ち並び、夜ともなれば一帯がすっぽり闇に覆われてしまう。

がれきが取り除かれ、人々はようやく仮設住宅や借り上げ住宅に落ち着いた。被災後、この年いっぱいをかけて達成できたのは、その程度のことでしかない。その間、民主党は菅首相の退陣や、小沢一郎氏の処遇をめぐって党内紛糾を続け、自民党など野党も、補正予算などの復旧・復興をめぐる措置は二の次にして、足の引っ張り合いを続けた。

気仙沼では、津波で家を押し流された人から、こんな呻くような声を聞いた。

「俺たちが、何もかもを失ったことを、みんな忘れたんじゃないか。俺たちだって、福島の人たちを見て、遠慮してものをいわなかった。彼らだって、あんなひどい目にあっているんだから。でも、それで俺たちが忘れられるなんてことがあって、いいんだろうか」

たしかに、原発事故が目前の脅威となってから、岩手や宮城、そして福島でも津波被害の大きかった地域のことは、報道の前景から退いていった。新聞やテレビは、「被災してもがんばる」と前向きに生きる人々を大きく取り上げたが、「がんばれない人々」については目を背けていなかったろうか。心情や情緒について、励ましや支援については多く語ったが、復旧や復興がこれほどにまで遅れたことについて、その構造のいびつさや政治の貧困を、鋭く追及してきたろうか。フリーのジャーナリストになった自分を含めて、今回の災害報道における「ジャーナリズムの貧困」を意識せざるをえない。

遅れた対応、遠のくスタート・ライン

東日本大震災における政府の財政対応は、遅れに遅れた。第一次補正予算案は五月二日に成立したが、これは当座の緊急対応でしかなかった。第一次で取り残した分を補う第二次補正は七月二五日、就労支援など多くの事業を盛り込んだ第三次補正に至っては、一一月二一日になってようやく成立した。本格的な復旧・復興に道を拓くまで、実に八カ月以上を費やしたことになる。

第三次までを含む二〇一一年度の予算規模は過去最大の一〇六兆円に達した。財政難のさなかに、これだけの規模の予算を組むには時間がかかるのも事実だが、これほどまでにタイミングが遅れたことには、被災地の窮状を放置したまま、財源論議を「人質」に対応を引き延ばした政府と、空転し続けた国会にその責任がある。

菅直人政権は五月の第一次補正で、四兆一五三億円の予算を組んだ。これは仮設住宅の建設に三六二六億円、がれきの処理に三五一九億円、一世帯あたり最大三〇〇万円を支給する生活再建支援金に五二〇億円など、被災者にとって緊急に必要な最低限の「規定課目」でしかない。ほかには道路・港湾などの土木工事費八二三五億円、高速道路に四九二億円、空港復旧に二三七億円などのインフラ復旧が目ぼしいところだ。自衛隊や消防、警察などの活動費に二五九三

億円を充てたが、これも当面必要な応急の予算措置でしかなかった。

補正の議論が長引いたのは、財源問題が絡んでいたからだ。最大野党の自民党は、政権交代後、民主党の選挙マニフェストを「財源の裏づけもなく描いた絵空事」と批判してきた。菅首相が消費税値上げを打ち上げたこともあり、本格復興の財源をどこに求めるかをめぐって党内でも議論が紛糾した。

第一次補正では、民主党の看板だった「子ども手当て」の上積みを見送り、高速道路無料化を凍結して当座をしのいだ。菅首相は、自らの肝いりでつくった諮問機関の「復興構想会議」(五百旗頭眞議長)が六月末にまとめる第一次提言をまって、二次補正を編成する方針だった。

復興構想会議は六月二五日にその提言を答申した。提言は財源について、「基幹税を中心に多角的に検討を行う」として臨時増税を求め、復興債を発行した場合には、増税を償還の財源に充てることとした。

また、自然災害を封じるというこれまでの発想を転換し、被害を最小限に抑える「減災」という理念を打ち出し、今後は住居の高台移転、避難ビルを建てるなどの大きなビジョンを示した。また復興の手法としては、規制や権限に特例を認めたり、手続きを簡素にして支援ができるよう、「特区」を設定することも訴えた。さらに原発に関しては、再生可能な自然エネルギーの導入を促し、福島を「先駆けの地」にする、と一歩踏み込む提言をしたことが注目される。

だが、その提言を待たずに、菅政権の土台は揺らいだ。自民、公明、たちあがれ日本の三党は六月一日、菅内閣に対する不信任決議案を衆院に提出し、民主党からも、小沢一郎元代表に近い議員多数が造反する動きが強まった。菅首相は機先を制して二日に衆院本会議が開かれる直前、民主党代議士会で辞任の意向を表明し、不信任案は否決された。

その際菅首相は、「震災復興や原発事故対応に一定のめどがついた時点」というあいまいな条件をつけたが、これがさらに混乱の要因になった。菅首相は二日の記者会見で「辞任は「年明け」」と示唆したが、鳩山由紀夫前首相ら「早期辞任」を求める幹部が相次ぎ、「夏には」と修正した。民主党からは、水面下で大連立を組む案も出され、自民党にも、「月内退陣」を条件に応じるという動きがあった。

菅首相は六月二七日の記者会見で、辞任の時期について三つの条件をあげた。第二次補正予算案の成立、再生可能エネルギー特別措置法の成立、二〇一一年度に赤字国債を発行するための特例公債法案の成立である。ここでも、具体的な時期は示さなかった。

その条件の一つである第二次補正は七月二五日に成立した。総額は一兆九九八八億円。財源には、金利が想定を下回ったために国債利払いで浮いた二〇一〇年度決算の剰余金すべてを充てることにした。

これについて、菅首相は六月一四日、野田財務相に「一次補正で足らなかった部分について、位置づけとしては二次補正というか一・五次補正と言ってもいいが、そういう補正予算を編成してほしい」と指示していた。財源不足に加え、辞意表明で権力基盤が揺らいでいた菅首相は、増税などを持ち出す力量もなく、第一次補正で積み残した分をかろうじて補う程度のことしかできなかった。

内容をみると、そのことは歴然となる。被災者支援に計三七七四億円をあげているが、うち三〇〇〇億円は、住宅が全壊した世帯に最大三〇〇万円を支給する被災者生活再建支援金の補助率を、現行の五割から八割にかさ上げするための予算だ。これは地方の財政負担を軽くするための措置で、被災者に渡る実際のお金に変わりはない。政府は残る二割も地方交付税で支給し、実質全額を国の負担とした。

二次補正の目玉となる二重ローン対策は七七四億円だった。これは個人や事業主の借金の帳消しに応じた金融機関に法人税を軽くしたり、返済猶予の間の企業向け融資の利子を国が負担したりする仕組みだ。だが、利子負担については、個人が民間金融機関から借りている住宅ローンは対象になっていない。

また、中小企業基盤整備機構や民間企業が出資して「事業再生ファンド」を作り、債権の買い取りや新規融資などをおこなう。

ほかに、製氷施設などの整備費として一九三億円を積み増した。

原発関連には二七五四億円を充てた。ただ、もっとも多いのは原子力損害賠償法による国の負担額一二〇〇億円で、これは当然支払うべき金だ。福島県が設立する「原子力被災者・子ども健康基金」に九六二億円を盛り込んで、子どものがん検診などに中長期的に取り組むのが精一杯だった。

目立つのは、被災地の自治体が自由に使える地方交付税交付金を五四五五億円積み増すというところだ。復旧・復興予備費は八〇〇〇億円だが、これは結果を見なければわからない数字だ。

菅首相は、再生可能エネルギー特措法と、特別公債法が成立した八月二六日に辞任を表明し、二九日におこなわれた民主党代表選で、海江田万里氏と決選投票を争った野田佳彦が新首相になることが決まった。

こうして一一月二一日、野田政権のもとでようやく第三次補正予算が成立した。

これは一二兆一〇〇〇億円という巨額補正で、〇九年度のリーマン・ショック後に麻生政権が組んだ約一五兆円に次ぐ規模だ。うち九・二兆円は震災の関連予算に充てられた。

最も多いのは、新しい町づくりや高台への集団移転、農業・漁業集落の再整備など四〇の事業で使う一兆五六一二億円。インフラ関連では、がれき処理の積み増しに三一七八億円、漁港の復旧に二三四六億円、農地などの除塩に二〇八〇億円、復興道路の整備に七二〇億円などが充てられた。

原発事故に関しては除染に一九九七億円、東電が支払う原発事故賠償金の仮払いに二六四億円を充てた。ほかに公立学校の防災機能強化に一六二七億円、堤防強化などに四四七億円、消防救急無線のデジタル化などに一五二億円などとなっている。

だが、こうした施設、設備の補修や強化に比べ、被災者の生活再建にかける予算はまだまだ乏しいのが現実だ。

それまで政府は、失業手当の給付期間を延長し、一時的な「つなぎ雇用」でしのいできたが、第三次補正には被災地の長期雇用創出のための基金一五一〇億円が盛り込まれた。これは国が支出して地域に基金を設け、地元自治体で長期雇用をする企業に助成金を出す仕組みだ。だが、もとから過疎化していた地域や、放射線が残る福島県沿岸部などに企業が進出するかどうかは未知数だ。ほかにも、仮設住宅でお年寄りや子どもを見守る緊急雇用や、復興工事などの職業訓練などがメニューに加えられた。

さらに、地域医療の再構築に七二〇億円、高校生の授業料減免や奨学金に一八九億円、心のケアや自殺対策に三七億円などの生活支援も加わった。しかし、こうしたことはむしろ「復旧」や「応急」対策であり、「復興」には程遠いのが実情だろう。

社会情勢や被害の規模は違うが、一九九五年一月一七日に起きた阪神大震災では、まず予備費で対応をしたのち、二月二八日には、がれき撤去などの復旧緊急事業を盛り込む九四年度補正予算が成立し、本格復興を盛り込む九五年度補正予算も約四カ月後の五月一九日には成立している。それと比べ、東日本大震災の対応がいかに遅れたのかは、書くまでもなく明らかだろう。

政府はこの間、被災地の自治体に復興ビジョンを描くよう、作業や合意形成を急がせたが、予算の裏づけなしに、ビジョンを描くことなどできない。政府は結果的に、復興へのスタート・ラインを遠のかせ、自治体にその責任を背負わせてしまったことになる。そうした遅れについては、野党の自民党にも少なからぬ責任がある。菅首相が辞意を表明してから政権に居座ったため、与野党が激しく対立したとはいえ、復興については被災地への配慮を優先させるべきだったろう。

ちなみに菅氏がつくった復興構想会議は、二〇一一年末に最終提言をまとめる予定だったが、菅氏の退任でその役割を終え、一一月一〇日には事実上、解散した。提言のうち、被災地に限って規制緩和や特例を認める「復興特区法」は一二月七日に成立し、第三次補正で自治体が使いやすい四〇事業に大きな予算がついた。だが「次世代に負担を先送りしない」などの提言は、野田政権が復興増税の期間を二五年としたため、実現しなかった。

財政対応とは別に、政府は震災復興の枠作りを進め、六月二〇日には、復興基本法が成立した。これは内閣に全閣僚をメンバーとする復興対策本部を置き、復興の企画立案や調整、実施を担当する復興庁ができたら、そこに引き継ぐというものだ。これとて、震災から三カ月以上も経過しており、三七日目に成立した阪神大震災と比べ、遅れすぎていた。

しかも、この仕事を担当する松本龍復興対策担当大臣は、七月五日、被災地での暴言の責任をとって就任九日目に辞任するという始末だった。後任になった平野達男同大臣は、二〇一二年二月一〇日に置かれた復興庁の初代復興大臣になった。復興庁は東京の本庁のもとに、盛岡、仙台、福島に三つの復興局、地域に六つの支所と二つの事務所を置き、二〇二〇年度まで活動を続ける。

「行方不明」という喪失の深さ

被災した人々は、すべての記憶が宿り、すべての生活を支える家を失っただけではなかった。数百年の歴史を伝えるコミュニティが失われ、人々に生きる糧を与えてきた職場と地域を失った。そして、多くの人が、かけがえのない人々を失った。

今回の津波被災が他の震災と大きく異なっているのは、亡くなった人、とりわけ二〇一二年になっても三千数百人という行方がわからない人々の数の多さだ。「行方不明」という喪失の深さは、今回の津波の意味を理解するキーワードだろうと思う。

戦後五〇年を迎えた一九九五年、私は大阪で、旧満州から引き揚げた当時八九歳の元教師、高田成章さんに話を聞いたことがあった。

広大な原野に囲まれた開拓団で暮らしていた高田さんは、一九四五年八月、ソ連の参戦を知った。「幸い収穫はこれからだ。ここに立てこもって、数年でも生き延びよう」。仲間を励まし、小銃と機関銃で警戒しながら麦や大豆を収穫した。

間もなく敗戦になり、約四〇キロ離れた役所から、開拓団に配備した武器を返すよう命令が出た。代表が届けに行くと帳簿と照らし合わせ、「半分足りない」といわれた。「身の安全を守るためにどうしても必要です」と懇願したが、聞き入れられなかった。夜中に歩いて引き返し、一丁の銃だけを隠して残りの武器を返すため、また役所に向かった。

五日後、開拓団に暴民の襲撃が重なるようになった。根こそぎ動員で若者たちは召集され、残った約三〇〇人の開拓団の大半は女性と子ども、老人だ。銃一丁で守ることはできまい。土の中から日本刀を掘り出し、男たちが土蔵で、病に伏す約三〇人を介錯した。三家族は家に火を放って自決した。「いやだぁ」。そう言って泣き叫ぶ娘を、母親が抱きかかえた。「男の子は頼みます」。母親は燃えさかる家の中に飛び込んで消えた。

九月のある夕、二台の車に分乗したソ連兵がやって来た。後のトラックには銃で武装した中国人が乗っていた。「男はすぐこの場に集まれ。女は家の中にいろ」。中国人の官吏が、日本語で命令した。農作業に出ていた男は、畑から呼び返され、家族に別れを告げる間もなく、整列させられた。

「男はこれから駅に向かう。女と子どもは、明日、車で駅に連れて行く」

命令に背くことはできなかった。高田さんらは歩いて駅に向かった。十数キロも歩いただろうか。街道筋の井戸のそばで腰をおろして休憩していると、はるか遠くから、駆けてくる人影が見えた。集落に残した少年だった。息せき切ってたどり着くと、これだけ言うのがやっとだった。

「女子どもが襲われています。持ち物は全部取られました」。ほの暗い原野を透かし見ると、後から大勢の女たちがばらばらに走ってくる。その後ろを、暴民たちが、馬車で追いかけてきた。手に鎌が見えた。

高田さんたちは駆け出した。妻は仲間に助けられ、四人の子どもを守りながら、最後尾を走ってきた。「水ーっ」。それだけ叫んで腕に倒れ込んできた。産後間もないそのくちびるが、死人の色をしていた。ひと心地つくと、妻が言った。

「お母さんが残ってる。助けに行って」

「どこだ」

妻は遠くの闇を指さした。血の気が引いた。子どもは疲れ切っている。引き返せば、妻子をだれが守るのか。隊列は休憩を終えて出発しようとしていた。

七六歳の母を取るのか、妻子を取るのか。

「お母さん、堪忍して下さい」

十数分後、高田さんは原野に合掌し、振り切るように妻子と列に戻った。

男たちは一カ月半ほど拘置され、高田さんは首都新京（現長春）の収容所でようやく妻に再会した。妻は、ムシロに横たわり、身動きができなかった。無蓋列車で何日も足止めされるうちに結核が悪化し、床ずれの痛みが激しくなった。乳が出ないため、生まれて間もない末っ子は死亡し、埋葬した後だった。

「死なせて」

敗戦から三カ月ほどたったある日、妻がささやいた。夫はうなずいた。最後にモチを食べたいと聞き、市場で買い求めて雑煮を作った。ゲートルを外し、妻の枕元に近づいた。

「すまなんだ。こんなところに連れてきて。愛してくれたきみ以外の女は、後には迎えん」

耳元に囁き、力をこめた。二九歳の妻は、苦痛の呻きも漏らさず、息を引き取った。

日中でも零下という極寒の季節が近づいていた。二〇万人近い新京の避難民は、飢えと寒さと伝染病で次々に倒れていった。

母親の死後泣き続けた三歳の次女は赤痢にかかり、五歳の長女は結核性腫瘍で倒れた。高田さんは苦しむ二人にゲートルを巻き、自ら手を下して最期をみとった。七歳の長男も翌年、結核性脳膜炎にかかり、他界した。老母を置き去りにし、妻と四人の子どもを失った高田さんはその年一〇月に単身、帰国した。

だが、その後もずっと高田さんを苦しめたのは、自ら最期を看取った妻子よりもむしろ、置き去りにしてその後が行方不明になったままの母親のことだった、という。

夜毎、母の情景がよみがえった。血だらけで原野をはいずり回る母親。寒さに凍え、じっと死を待つ母に迫るオオカミの群れ。

たまらずに、こう思い直した。いや、きっと親切な中国人が助けてくれたに違いない。だが、それでもきっと母は待ち続けたろう。「今に息子が助けにきてくれる」と信じて。

八五年五月、旧満州の原野を再訪して母を弔うまで、その思いに四〇年、高田さんはとらわれて生きてきたのだという。

高田さんの庭には、ひとむらのヤブカンゾウが植えてあった。美しさに憂いを忘れることから、中国人は「忘れ草」の名で呼ぶ。

「満州の原野にこの花がいっぱい咲いていた。ぼくは、あの日々を忘れまい、と思って植えているんです」

当時、私にそう話してくれたのを、昨日のことのように思い出す。

愛する人が亡くなることはつらい。だが、愛する人がいなくなり、そのまま行方がわからなくなったままで生きていくつらさは、いかばかりだろうか。その後もずっと各地でご遺体の捜索が続き、手がかりを求めて海岸を探し回る人々がいる。そうしたニュースに接するたびに、私は高田さんのことを思い出す。

雇用と生きる場の回復を

二〇一一年はまた、長引くデフレと急激な円高で日本の景気が悪化し、欧州や米国でも、経済が低迷した一年だった。被災地では、自らの喪失に加え、そうした厳しい社会情勢とも戦わねばならないのが現実だった。

宮古市でお目にかかった地元バス会社の事業部長、阿部功さんがこう話した。

「がれき処理は進んでいますが、地場産業は少しも復旧していない。被災した一〇七八事業所のうち、復旧の目途が立っているのは、六五事業所程度。一二の事業所が中止を決め、五三事業所が休業しています。問題は雇用の確保だ。地元に勤め先がなければ、若者は盛岡など県内の他都市に、そこでもなければ県外に行ってしまう。宮古ではやはり漁業や水産加工が主産業。林業がもうひとつの柱です。金型産業もあるが、やはり一次産業の再生がカギになるでしょう」

釜石市で会った菅原規夫市議も、やはり雇用の確保が最大の課題だという。

「一九六三年に、釜石の人口は最多の九万二〇〇〇人でした。六五年ごろから釜石の製鉄所が合理化され、人口が流出していった。震災前の人口は三万九〇〇〇人でした。一〇七四人が亡くなり、今は三万七〇〇〇人。子どもたちのところに避難したり、借り上げ住宅に移り、人口はどんどん減っています」

釜石の基幹産業は水産業だ。製鉄では今も正規社員三〇〇人、関連企業一〇〇〇人を雇い、スチール・タイヤで使う針金の三割のシェアを製造している。製鉄所の敷地を借りて営むコンプレッサー関連の事業でも一一〇〇人から一二〇〇人の雇用を確保してきた。

こうした雇用の場を、今後も確保できるかどうかが最も大切だ、と菅原さんはいう。

「町づくりと並行して、なんとか若手人口の流出を食い止めなければならない。彼らが市にとどまってくれるかどうかが、かぎなのです。町は残ったが、人口は二〜三万人の小さな地方都市になるか、それとももう一度再生するか。若者たちの雇用を確保できるかどうかにかかっている」

震災前から過疎化が進んでいた地域を再生するには、新たな産業の育成が欠かせない。これまでのようなインフラ優先の「復興」では道路や建物は再生しても、人々の暮らしを建て直し、活気を取り戻すことはできない。今の一〇代、一〇年後に一〇代になる若者たちが、進んで住みたくなる町、そうした町づくりこそが、ほんとうの「復興」の目標になるはずだ。

今回の震災で改めて実感したのは、東北の人々が培ってきた深い愛郷心だ。どんなことがあっても、自分が生まれ育ったこの町を、捨てることはできない。だって、自分は、この町があるからこそ自分なのだから。何人もの人から、そんな言葉を聞いた。

そうした愛郷心を、自律への指針として尊重し、実現すること。それが、復興に向けた基本方針になるべきだろう。そのためには、今の一〇代、一〇年後に一〇代になる若者たちの声に、耳を傾けていかねばならない、と思う。

「脱原発」に向けて

最後に、「脱原発」に触れて、この報告を終えたいと思う。この国では、原発事故後、「脱原発」や「脱原発依存」の声が一斉に沸きあがった。だがその主張には、微妙な違いがあり、濃淡がある。私が見聞きしたなかでは、おおまかにいって四つに分かれる。

第一は、核分裂の連鎖反応を人間が統御するのは不可能に近く、放射性物質の最終処理もできない。つまり、原発は完成されていない技術体系であり、生態系と共棲できない、とする「反原発」の立場だ。

第二は、大災害は予知も予想もできず、事故が起きた場合の被害の甚大性や、広域性、永続性を考えれば、巨大地震や津波多発地帯の日本には置くべきではない、という日本固有の理由から「脱原発」を説く立場だ。

第三は、事故や最終処理、原発立地への交付金などのコストを考えれば、原発は割高であり、今後は産業としてより可能性のある「再生可能エネルギー」の開発に資源を割り振るべきだ、という実利型の「脱原発」論だ。

第四は、今回のような事故を再び招かないよう、防災の一定の水準をクリアするまで、現行の危険原発は停止し、運転再開は見合わせる、という条件つきの「脱原発依存」論だ。浜岡原発の停止を要請する一方、国家戦略室が「再生可能エネルギー」などと並んで「原発推進の堅持」という立場をとった菅直人政権は、この類型だった。原発と自然エネルギーの折衷案ともいえる。

第一の論に立つと、原発は順次廃止し、新規設置はもちろん、海外へ輸出もしてはならない。第二は「一国脱原発」であり、輸出までは妨げない。第三は欧州にモデルを求める経済重視の「後追い型」である。第四の立場は「その場しのぎ型」といってよい。

私自身の考えは、第一と第二の中間にある。基本的には第二だが、外国に輸出していいと思うほど、原発管理の技術に信頼を置けないからだ。ただ第一、第二の論者は「脱原発」で電力が不足する場合に、それをどう埋め合わせるのか、どの程度まで不便さを覚悟するのか、といった合意形成の見取り図を提示することが欠かせない。

これだけの事故を目の当たりにして、なおも「原発推進」を唱えることは、一般常識からいうと考えがたいことだ。だが他方では、半世紀をかけて築いた「国策」が、そうたやすく変わるとも思えないのが現状である。

日本では、核兵器を放棄する代わりに、その製造技術と材料をつねに確保し、「潜在的な核保有国」としていざというときに備えようという「核抑止論」の立場から、原発を推進しようとする人々がいた。安全保障の観点から原発を推進する人々にとって、経済合理性は二の次である。どれほどリスクが高くとも、今後も「国策」として原発を手放さないという姿勢をとり続けるのではないだろうか。

一方の「脱原発論」は、先にみたように、さまざまな立場の連合であり、確固とした共通の基盤をもっていないように思える。なぜ、どのようにして、いつまでに「脱原発」を実現するのか、目標とプログラムを共有しない限り、掛け声倒れに終わる可能性が大きい。「原発輸出を産業の柱にする」とか、「不安定な再生エネルギーに頼れば、日本の製造業は海外に流出して空洞化する」といった経済合理性が前面に押し出されると、たちまち「連合」は腰砕けになってしまうのではないだろうか。

私たちはヒロシマ、ナガサキ、第五福竜丸という三度の被爆に加え、フクシマという原発被曝も経験した唯一の国となった。その現実を直視して核廃絶、原発依存からの脱却を目指す以外に、私たちの出発点はないように思える。

おわりに

二〇一一年三月一一日に起きた東日本大震災をつづる旅も、終わろうとしています。しかし、津波被災も、原発被災もいまだに続いており、歳月とともに、過酷な現実は、被災者に重くのしかかっています。

大災害は、めったにやってきません。たぶん、人の一生のうちに一度起きるか、運がよければ一度も経験しないうちに終わるくらいの頻度でしょう。しかし、それは確実にやってきます。そうしたときに頼りになるのは、かつての大災害を経験した人々の叡智と伝承以外にありません。私たちは、将来の世代のために記憶を刻み、風化させず、大切なことを確実に伝える責任を負っているのだと思います。

そのためには、個人の体験の記憶を、国外の人々も含めて互いに分かち合い、次世代にも伝える、という横と縦の「記憶の共有」が欠かせません。

「はじめに」でも書いたように、この本は、二〇二一年に中学・高校生になる世代の人々が、東日本大震災を調べようとして、初めに手にとってくださる一冊になるように、との思いで書き始めました。あなた方がこの国の未来であり、可能性であると信じているからです。

この本は、震災後一年間の経過を踏まえています。最新のデータを織り込んだつもりですが、その後も原発の事故原因や対策は刻々と移り変わり、長期的な影響も出てくるでしょう。各種の報告書や白書を調べ、その後の経過を追ってみてください。

大地震と津波が頻発するこの国には、今後も多くの試練が待ち構えているでしょう。あなた方が生きているうちに、同じように大きな災害が降りかかるかもしれません。しかし、その苦難に打ち勝つ叡智を、かつて東日本大震災で被災した人々は示してくれました。

そのことを、ぜひ皆さんも、次の世代に伝えていってほしいと思います。


最後にこの場をお借りして、フリーの立場になった私の取材を、親身になって助けてくださった皆さんに感謝の言葉を申し述べたいと思います。福島では、郡山に住む降矢通敦さんが、貴重なアドバイスをしてくださったばかりか、何度も自らハンドルを握って県内を案内してくださいました。郡山の避難所に暮らした白土正一さんも、原発実務の長い経験をもとに、的確な指摘と助言をしてくださり、やはり県内のあちこちに連れていってくださいました。お二人の援助なしに、取材を続けることはできなかったでしょう。また岩手、宮城でも、盛岡在住の藤原良雄先生が沿岸部を運転し、各地で被災した教え子の皆さんを紹介してくださいました。

南相馬市議の鈴木昌一さん、こうした方々を引き合わせて下さった加藤典洋さん、早大教授の水島朝穂さんにも感謝しています。そしてすべてのお名前を書くわけにはいきませんが、各地で私の取材を支えてくださった被災者の皆さん、ありがとうございます。

なお、第1章冒頭のルポは雑誌「アエラ」に、第2章1の「気仙沼の吉田家」と第4章1の「医療を支える」は朝日新聞に、第3章1の「子どもたちの福島」は雑誌「世界」に掲載された文章をもとに加筆修正しました。写真はいずれも筆者撮影です。

この本は、岩波新書編集部の小田野耕明さんのお勧めと編集のもとに、ようやく形となったものです。「次世代に伝えたい」という共通の思いを形にしていただいたことに、深くお礼を申し上げたいと思います。

二〇一二年二月

著　者

岩波新書/最新刊から

1347 **政権交代とは何だったのか** 山口二郎 著

なぜ政治主導で「生活第一」への政策転換を進められなかったのか。民主党政権の光と影を検証し、震災後の民主政治の課題を考える。

1348 **成熟社会の経済学** ―長期不況をどう克服するか― 小野善康 著

需要が慢性的に不足して生産力が余り、失業を生み続ける日本経済。直面する危機にいかに対応すべきか。画期的な経済学のススメ。

1349 **変革期の地方自治法** 兼子仁 著

〝地域自治〟改革はどこまで進んだのか。現状と課題を検討し、東日本大震災後のいま、地方自治法制がめざすべき方向を示す。

1350 **英語で話すヒント** ―通訳者が教える上達法― 小松達也 著

日本語を生かす通訳者の英語術には、大人の学習者に役立つヒントが満載。〈使える英語力〉を身につけるために、必読の一冊！

1351 **日本語雑記帳** 田中章夫 著

なつかしい昭和の言葉、多彩な方言、外来語・外行語、敬語、呼びかけのコトバ、オシャベリ文体など興味つきないヨモヤマ話集。

1352 **四字熟語の中国史** 冨谷至 著

「温故知新」ほか見慣れた四つの漢字を〈窓〉として、古代中国を遠望。遠い時代や場所へと言葉や考え方が伝わる筋道をたどる。

1353 **子どもの声を社会へ** ―子どもオンブズの挑戦― 桜井智恵子 著

聞き逃されがちな小さなつぶやきは何を訴えているのか。個別救済のための希有な公的制度を通して見えてくる問題解決の極意とは？

1354 **世界経済図説 第三版** 宮崎勇・田谷禎三 著

一二年ぶりの改訂。環境・食料・エネルギー問題、ドル・元・ユーロの力等の課題をデータで詳説。今後の世界経済を読み解く一冊。

(2012. 3)

岩波新書より

安心のファシズム　斎藤貴男
社会学入門　見田宗介
現代社会の理論　見田宗介
冠婚葬祭のひみつ　斎藤美奈子
壊れる男たち　金子雅臣
少年事件に取り組む　藤原正範
まちづくりと景観　田村明
まちづくりの実践　田村明
悪役レスラーは笑う　森達也
大型店とまちづくり　矢作弘
憲法九条の戦後史　田中伸尚
靖国の戦後史　田中伸尚
日の丸・君が代の戦後史　田中伸尚
遺族と戦後　田中伸尚／田中宏／波田永実
在日外国人〔新版〕　田中宏
桜が創った「日本」　佐藤俊樹
生きる意味　上田紀行
ルポ 戦争協力拒否　吉田敏浩
社会起業家　斎藤槙

日本縦断 徒歩の旅　石川文洋
男女共同参画の時代　鹿嶋敬
当事者主権　中西正司／上野千鶴子
リサイクル社会への道　寄本勝美
豊かさの条件　暉峻淑子
豊かさとは何か　暉峻淑子
リストラとワークシェアリング　熊沢誠
女性労働と企業社会　熊沢誠
能力主義と企業社会　熊沢誠
山が消えた 残土・産廃戦争　佐久間充
技術官僚　新藤宗幸
少年犯罪と向きあう　石井小夜子
仕事が人をつくる　小関智弘
自白の心理学　浜田寿美男
証言 水俣病　栗原彬編
東京国税局査察部　立石勝規
ドキュメント 屠場　鎌田慧
過労自殺　川人博

原発事故を問う　七沢潔
神戸発 阪神大震災以後　酒井道雄編
日本の農業　原剛
ボランティア もうひとつの情報社会　金子郁容
スパイの世界　中薗英助
「成田」とは何か　宇沢弘文
自動車の社会的費用　宇沢弘文
都市開発を考える　大野輝之／レイコ・ハベ・エバンス
ディズニーランドという聖地　能登路雅子
ODA 援助の現実　鷲見一夫
われ＝われの哲学　小田実
世直しの倫理と論理 上・下　小田実
読書と社会科学　内田義彦
資本論の世界　内田義彦
社会認識の歩み　内田義彦
科学文明に未来はあるか　野坂昭如編著
働くことの意味　清水正徳
戦後思想を考える　日高六郎

岩波新書より

社会

就職とは何か　森岡孝二
働きすぎの時代　森岡孝二
日本のデザイン　原　研哉
ポジティヴ・アクション　辻村みよ子
脱原子力社会へ　長谷川公一
希望は絶望のど真ん中に　むのたけじ
戦争絶滅へ、人間復活へ　むのたけじ　黒岩比佐子 聞き手
福島 原発と人びと　広河隆一
アスベスト 広がる被害　大島秀利
原発を終わらせる　石橋克彦編
大震災のなかで 私たちは何をすべきか　内橋克人編
日本の食糧が危ない　中村靖彦
ウォーター・ビジネス　中村靖彦
食の世界にいま何がおきているか　中村靖彦
狂牛病　中村靖彦
勲章 知られざる素顔　栗原俊雄

人が人を裁くということ　小坂井敏晶
希望のつくり方　玄田有史
生き方の不平等　白波瀬佐和子
同性愛と異性愛　風間孝　河口和也
居住の貧困　本間義人
贅沢の条件　山田登世子
ブランドの条件　山田登世子
新しい労働社会　濱口桂一郎
世代間連帯　上野千鶴子　辻元清美
ルポ 雇用劣化不況　竹信三恵子
道路をどうするか　五十嵐敬喜　小川明雄
建築紛争　五十嵐敬喜　小川明雄
「都市再生」を問う　五十嵐敬喜　小川明雄
公共事業をどうするか　五十嵐敬喜　小川明雄
ルポ 労働と戦争　島本慈子
戦争で死ぬ、ということ　島本慈子
ルポ 解雇　島本慈子
子どもの貧困　阿部彩

子どもへの性的虐待　森田ゆり
森の力　浜田久美子
テレワーク 「未来型労働」の現実　佐藤彰男
反貧困　湯浅誠
不可能性の時代　大澤真幸
地域の力　大江正章
ベースボールの夢　内田隆三
グアムと日本人 戦争を埋立てた楽園　山口誠
少子社会日本　山田昌弘
親米と反米　吉見俊哉
「悩み」の正体　香山リカ
いまどきの「常識」　香山リカ
若者の法則　香山リカ
変えてゆく勇気　上川あや
定年後　加藤仁
労働ダンピング　中野麻美
マンションの地震対策　藤木良明
誰のための会社にするか　ロナルド・ドーア
ルポ 改憲潮流　斎藤貴男

岩波新書より

福祉・医療

- 重い障害を生きるということ　髙谷　清
- 肝臓病　渡辺純夫
- 感染症と文明　山本太郎
- 新型インフルエンザ 世界がふるえる日　山本太郎
- ルポ 認知症ケア最前線　佐藤幹夫
- ルポ 高齢者医療　佐藤幹夫
- 医の未来　矢﨑義雄編
- 介護保険は老いを守るか　沖藤典子
- パンデミックとたたかう　押谷　仁・瀬名秀明
- 健康不安社会を生きる　飯島裕一編著
- 健康ブームを問う　飯島裕一編著
- 疲労とつきあう　飯島裕一
- 長寿を科学する　祖父江逸郎
- 温泉と健康　阿岸祐幸
- 介護 現場からの検証　結城康博
- 医療の値段　結城康博
- 腎臓病の話　椎貝達夫
- 「尊厳死」に尊厳はあるか　中島みち
- がんとどう向き合うか　額田　勲
- がん緩和ケア最前線　坂井かをり
- 人はなぜ太るのか　岡田正彦
- 児童虐待　川﨑二三彦
- 生老病死を支える　方波見康雄
- ぼけの予防　須貝佑一
- 認知症とは何か　小澤　勲
- 鍼灸の挑戦　松田博公
- 障害者とスポーツ　高橋　明
- 生体肝移植　後藤正治
- 健康食品ノート　瀬川至朗
- 放射線と健康　舘野之男
- 福祉ＮＰＯ　渋川智明
- 定常型社会 新しい「豊かさ」の構想　広井良典
- 日本の社会保障　広井良典
- 日常生活の法医学　寺沢浩一
- 生活習慣病を防ぐ　香川靖雄
- 血管の病気　田辺達三
- 医の現在　高久史麿編
- アルツハイマー病　黒田洋一郎
- 居住福祉　早川和男
- 高齢者医療と福祉　岡本祐三
- 看護 ベッドサイドの光景　増田れい子
- 体験ルポ 日本の高齢者福祉　山井和則・斉藤弥生
- 体験ルポ 世界の高齢者福祉　山井和則
- 信州に上医あり　南木佳士
- 心の病と社会復帰　蜂矢英彦
- 医療の倫理　星野一正
- 腸は考える　藤田恒夫
- 障害者は、いま　大野智也
- 光に向って咲け　粟津キヨ
- 医者と患者と病院と　砂原茂一
- リハビリテーション　砂原茂一
- 母乳　山本高治郎
- 指と耳で読む　本間一夫

岩波新書新赤版一〇〇〇点に際して

ひとつの時代が終わったと言われて久しい。だが、その先にいかなる時代を展望するのか、私たちはその輪郭すら描きえていない。二〇世紀から持ち越した課題の多くは、未だ解決の緒を見つけることのできないままであり、二一世紀が新たに招きよせた問題も少なくない。グローバル資本主義の浸透、憎悪の連鎖、暴力の応酬——世界は混沌として深い不安の只中にある。

現代社会においては変化が常態となり、速さと新しさに絶対的な価値が与えられた。消費社会の深化と情報技術の革命は、種々の境界を無くし、人々の生活やコミュニケーションの様式を根底から変容させてきた。ライフスタイルは多様化し、一面では個人の生き方をそれぞれが選びとる時代が始まっている。同時に、新たな格差が生まれ、様々な次元での亀裂や分断が深まっている。社会や歴史に対する意識が揺らぎ、普遍的な理念に対する根本的な懐疑や、現実を変えることへの無力感がひそかに根を張りつつある。そして生きることに誰もが困難を覚える時代が到来している。

しかし、日常生活のそれぞれの場で、自由と民主主義を獲得し実践することを通じて、私たち自身がそうした閉塞を乗り超え、希望の時代の幕開けを告げてゆくことは不可能ではあるまい。そのために、いま求められていること——それは、個と個の間で開かれた対話を積み重ねながら、人間らしく生きることの条件について一人ひとりが粘り強く思考することではないか。その営みの糧となるものが、教養に外ならないと私たちは考える。歴史とは何か、よく生きるとはいかなることか、世界そして人間はどこへ向かうべきなのか——こうした根源的な問いとの格闘が、文化と知の厚みを作り出し、個人と社会を支える基盤としての教養となった。まさにそのような教養への道案内こそ、岩波新書が創刊以来、追求してきたことである。

岩波新書は、日中戦争下の一九三八年一一月に赤版として創刊された。創刊の辞は、道義の精神に則らない日本の行動を憂慮し、批判的精神と良心的行動の欠如を戒めつつ、現代人の現代的教養を刊行の目的とする、と謳っている。以後、青版、黄版、新赤版と装いを改めながら、合計二五〇〇点余りを世に問うてきた。そして、いままた新赤版が一〇〇〇点を迎えたのを機に、人間の理性と良心への信頼を再確認し、それに裏打ちされた文化を培っていく決意を込めて、新しい装丁のもとに再出発したいと思う。一冊一冊から吹き出す新風が一人でも多くの読者の許に届くこと、そして希望ある時代への想像力を豊かにかき立てることを切に願う。

（二〇〇六年四月）

外岡秀俊
1953年札幌市生まれ
1977年東大法学部卒業．朝日新聞入社
学芸部，社会部，ニューヨーク，ロンドン特派員，編集委員などを経て，
2011年3月早期退職
現在―ジャーナリスト，北海道大学公共政策大学院(HOPS)研究員
著書―『地震と社会』(上下)
『傍観者からの手紙』(以上，みすず書房)
『震災と原発　国家の過ち』(朝日新書) ほか

3・11 複合被災　岩波新書(新赤版)1355

2012年3月6日　第1刷発行

著 者　外岡秀俊《そとおかひでとし》

発行者　山口昭男

発行所　株式会社 岩波書店
〒101-8002 東京都千代田区一ツ橋 2-5-5
案内 03-5210-4000　販売部 03-5210-4111
http://www.iwanami.co.jp/

新書編集部 03-5210-4054
http://www.iwanamishinsho.com/

印刷・理想社　カバー・半七印刷　製本・中永製本

ISBN 978-4-00-431355-7　Printed in Japan

別表1　2011年3月11日から1週間の主なできごと

地震・大津波	原発災害
3月11日(金)	
14：46　三陸沖で地震発生	14：46　1号機原子炉が自動停止
	14：47　2・3号機原子炉自動停止
14：50　官邸対策室設置	
14：52　岩手県が自衛隊派遣要請	14：52　1号機非常用復水器(IC)自動起動
15：00過ぎ　沿岸に大津波	15：05　3号機RCICを手動起動
15：10　宮城県が自衛隊派遣要請	15：06　東電本店に非常災害対策本部
15：14　緊急災害対策本部設置	
	15：25　3号機RCICが自動停止
15：27　首相「自衛隊は最大限の活動」を	15：27　津波第1波
	15：35　津波第2波
15：37　第1回緊急災害対策本部会合	15：37　1号機全電源喪失．ICの弁が「閉」に
	15：38　3号機全電源喪失
	15：41　2号機全電源喪失
	15：42　東電，原災法に基づく10条通報
	16：03　3号機RCICを手動起動
17：00過ぎ　コスモ石油のタンク爆発	17：00ごろ　1号機炉心露出
17：39　官房長官，交通混乱で「帰宅ではなく職場などで待機を」呼びかけ	
18：42　政府調査団を宮城に派遣	
	19：03　原子力緊急事態宣言発令．官邸に原子力災害対策本部
	20：50　福島県，半径2キロ圏内の住民に避難指示
	21：23　政府，半径3キロに避難，3〜10キロに屋内退避を指示

1週間の主なできごと

		21：51	1号機建屋の放射線量が上昇
3月12日(土)			
		0：06	1号機格納容器の圧力上昇か
0：15	首相，オバマ米大統領と電話会談		
		0：49	1号機格納容器，設計圧超過の可能性
		1：30	東電，ベント実施を政府に申し入れ
3：59	長野県北部で地震発生(M 6.7)		原子力安全技術センターによるSPEEDIの予測を保安院が官邸地下に送付.そこで止まる.
4：50	警察庁「死者184人」		
	一夜明けて各地の被害が続々判明	5：14	東電，放射性物質の漏出確認
		5：44	政府，10キロ圏内住民に避難指示
		5：46	消防車による1号機への代替注水開始
5：52	陸前高田がほぼ壊滅状態と消防庁		
5：59	気仙沼で住宅延焼続く		
6：28	女川町が孤立状態と判明		
		6：50	経産相からベント実施命令
		7：11	首相，第一原発に到着
		8：03	吉田所長，1号機へのベントを指示
8：34	官邸で緊急災害対策本部会合		
10：10	仙台空港で1300人孤立の情報		
11：00	視察後首相「津波被害大きさ実感」		
11：23	16都道県で100万戸以上断水		
		11：36	原子力災害対策本部会合

	11：36　3号機RCIC自動停止
	12：35　3号機HPCI自動起動
	14：30　1号機ベントの実施を確認
	14：54　吉田所長，1号機への海水注入を指示
15：00　東北地方の停電385万戸に．南三陸町の住民半数の所在不明	
	15：36　1号機が水素爆発
16：00までに，56の国・地域が支援申し出	
	17：30　吉田所長，2・3号機ベント準備を指示
18：00　警察庁「死者605人」	
	18：25　政府，20キロ圏内の住民に避難指示
	19：04　1号機に海水注入開始
3月13日(日)	
0：00　警察庁「死者686人，不明642人」	
	2：42　3号機HPCIを手動で停止
8：25　宮城県沖震源の地震発生(M 6.2)	
	9：25　3号機にホウ酸入り淡水を消防車で注入
	9：36　3号機ベントによる圧力低下を確認
10：00　警察庁「死者763人，不明639人」	
12：00　気象庁，Mを8.8から9.0に変更	
	13：12　3号機に消防車による海水注入を開始
15：00　宮城県「県内犠牲者は万単位」	15：30　官房長官「3号機も水素爆発のおそれ」
17：58　津波注意報を解除	
	19：48　首相，東電の計画停電を了承と発表

1週間の主なできごと

3月14日(月)	
0：00　警察庁「死者1597人，不明1481人」	
早朝から計画停電に伴う交通網混乱	
9：00　日銀が7兆円の資金を供給	
気象庁M.5.0以上の余震194回と発表	
	11：01　3号機で水素爆発
	11：40　原発20キロ圏の住民に屋内退避を要請
13：04　日経平均株価が大幅下落	
15：00　東電など368銘柄がストップ安	
	16：30　3号機への注水開始
	19：57　2号機への連続注水可能に
3月15日(火)	
	5：30　政府と東電の対策統合本部を設置
	6：00〜6：10　4号機で爆発，2号機付近でも衝撃音
6：30　大船渡で国際救助隊が捜索を開始	
	9：38　4号機で出火
9：47　日経平均株価9千円割れ	
	11：00　政府，20〜30キロの屋内退避を指示
	オフサイトセンター，福島県庁に撤収開始
22：31　静岡県東部で地震(M 6.4)	
3月16日(水)	
0：00　警察庁「死者3373人，不明7558人」	
	5：45　4号機建屋4階付近から炎
	8：00　福島市で毎時20マイクロシーベルトを観測

9：00	仙台の開店前のスーパーに約1500人		
10：05	福島市のガソリンスタンドに500メートルの車列		
10：30	消防庁「死者・不明者9千人超える」	10：40	正門付近で毎時10ミリシーベルトを観測
12：00	防衛省「18日には10万人規模派遣に」		
3月17日(木)			
		3：00	英外務省，東京以北からの退避検討を呼びかけ
		未明	米駐日大使，半径80キロの米国人に避難勧告
		9：48	自衛隊ヘリ，上空から3号機に散水
13：00	震災後初の衆院本会議で黙禱		
		13：45	経産相，節電求める談話
14：46	震災から7日目		
		15：38	韓国，半径80キロからの退避勧告
		19：00	警視庁機動隊が高圧放水車で3号機に放水
		19：35	自衛隊の消防車両が3号機に放水
22：00	警察庁「死者・不明者1万5千人超す」		

別表2　2011年3月11日から1年間の主なできごと

	地震・大津波	原発災害
3月11日	東日本大震災発生．M9.0で世界で4番目	政府，初の原子力緊急事態を宣言
12日	長野県北部を震源とするM6.7の地震発生	福島第一原発1号機が水素爆発
14日		福島第一原発3号機も水素爆発
15日		福島第一原発4号機も爆発
16日	死者5千人超える．避難者約43万人	
17日		食品の放射性物質の暫定基準を設定
21日		政府，農産物の出荷停止を指示
25日		第一原発から20～30キロ圏内に自主避難要請
4月 2日		放射能汚染水の流出が発覚
7日	宮城県で震度6強などの強い余震が発生	
12日		福島事故，最悪の「レベル7」に格上げ
17日		福島事故，収束の工程表発表
22日		警戒区域，計画的避難区域，緊急時避難準備区域を設定
29日	東北新幹線全面復旧	
5月 6日		菅首相，浜岡原発の停止要請
12日		福島第一原発1号機のメルトダウン判明
13日		政府，東電の賠償支援決定
15日		飯舘村，川俣町などで計画避難開始
24日		東電，2・3号機のメルトダウンも認める
26日		東電，海水注入を継続していたことが判明
6月11日		全国で「脱原発」デモ
20日	復興基本法成立．復興対策担当相などできる	
25日	復興構想会議が提言	

27日		福島第一，循環注水冷却を開始
7月 1日		電力使用制限令を発動
5日	暴言で松本龍復興相が辞任	
6日		九州電力「やらせメール」問題が発覚
13日		菅首相「将来は脱原発」を表明
8月 3日		原子力損害賠償支援機構法が成立
5日		原子力損害賠償紛争審査会が中間指針
26日	菅首相が辞任を正式表明	
28日	岩手県大槌町で170日ぶり町長選任	
29日	民主党代表に野田佳彦氏	
30日		東電が原発事故の賠償基準を発表
9月 2日	野田内閣発足	
9日		電力使用制限令を解除
10日		鉢呂吉雄経産相「死の町」発言などで辞任
11日	岩手県で達増拓也知事が再選	
28日		国会に原発事故調査委員会
30日		緊急時避難準備区域を解除
10月10日		国の除染方針決定
27日		食品安全委「生涯100ミリシーベルト」答申
28日		東電が特別事業計画を提出
29日		国が中間貯蔵施設を2015年から使う方針
11月21日	国の第3次補正予算が成立	
24日	政府地震調査研究推進本部，M9級の地震「30年内に30%」と予測	

30日	震災復興費のための臨時増税法成立	
12月 4日	岩手県野田村の一部，高台移転に初合意	
6日		損賠紛争審査会が，自主避難者にも賠償決定
16日		野田首相，「原発事故は収束」と表明
22日		食品の放射性物質基準が正式に決定
24日	震災復興費など含む予算案を閣議決定	
26日		政府「事故調査・検証委」が「中間報告」
2012年		
1月 6日		政府が原発を「原則40年で廃炉へ」の方針
13日	野田改造内閣発足	
15日		福島県二本松市の新築マンションで高放射線量
25日	2011年貿易収支，31年ぶりの赤字	
31日		福島県川内村が帰村宣言
2月 9日		米国，34年ぶりに2基の原発建設許可
10日	復興庁発足	
11日	東京で1万2千人が「脱原発」集会	
3月11日	東日本大震災より1年	

主要参考文献・ホームページ

参考文献

【I】

財団法人沿岸技術センター「TSUNAMI」出版編集委員会編『TSUNAMI 津波から生き延びるために』丸善プラネット株式会社

河田惠昭『津波災害——減災社会を築く』岩波新書

『福島民報縮刷版　東日本大震災　特別編』福島民報社

『河北新報特別縮刷版　3・11 東日本大震災　1カ月の記録』竹書房

石橋克彦『大地動乱の時代——地震学者は警告する』岩波新書

Jレスキュー特別編集『東日本大震災消防レスキュー——写真で見る 88 日間の活動全記録』イカロス出版

『自衛隊 vs 東日本大震災——史上最大の救難作戦，自衛官が流した汗と涙』別冊宝島，宝島社

【II】

石橋克彦編『原発を終わらせる』岩波新書

経産省資源エネルギー庁編『原子力 2010』日本原子力文化振興財団発行

関西学院大学災害復興制度研究所編『東日本大震災復興へ向けての提言集』

「特集・放射能汚染時代」『世界』2011 年 9 月号，岩波書店

参考ホームページ

【I】

第 1 章

国土交通省関東地方整備局(液状化に関する地盤工学会との実態調査について)／大成建設／東北地方太平洋沖地震津波合同調査グループ／内閣府防災会議「東北地方太平洋沖地震を教訓とした地震・津波対策に関する専門調査会」(津波被害全般について)

第 2 章

東京大学地震研究所／産業技術総合研究所／中央防災会議

第 3 章

消防防災博物館／中央防災会議・専門調査会「参考図表集」／総務省／NTT データ経営研究所／国土交通省／石油連盟／内閣府「防災白書」／経済産業省／国連地域開発センター(UNCRD)防災計画兵庫事務所／日本

学術会議／関西広域連合／東京都杉並区／総務省消防庁
第４章
厚生労働省／DMAT事務局／日本医師会／日本赤十字社／AMDA／警察庁／総務省消防庁／海上保安庁／内閣府防災情報／東日本大震災における災害応急対策に関する検討会

【Ⅱ】
第５章
経済産業省原子力安全・保安院／原子力安全委員会／首相官邸「原子力安全に関するIAEA閣僚会議に対する日本国政府の報告書」「同・追加報告書」／原子力安全・保安院「IAEA事故調査団報告書」(仮訳)／原子力安全基盤機構／東海村原子力安全対策懇談会「諮問中間報告書」／原子力安全基盤機構／首相官邸「事故調査・検証委員会中間報告」
第６章
首相官邸(避難区域などについて)／東京電力(避難指示の経緯について)／原子力安全委員会(SPEEDIの予測結果について)／原子力安全委員会(SPEEDIの仕組みについて)／原子力安全・保安院「IAEA事故調査団報告書」(仮訳)／富岡町／楢葉町／内閣府防災情報「災害対策法制のあり方に関する研究会」／事故調査・検証委員会「中間報告」
第７章
首相官邸(官房長官会見)／原子力安全・保安院／文部科学省(学校の基準値について)／国会議事録の科学技術・イノベーション推進特別委員会／国会議事録の衆議院厚生労働委員会